사회
계열

융합적 사고와 글쓰기
워크북

고명철·김문정·김영건·김영범·김학현
유승호·장석원·전형철·정우신·정재훈 공저

보고사
BOGOSA

집필진 소개

고명철(현대문학)

김문정(현대문학)

김영건(현대문학)

김영범(현대문학)

김학현(현대문학)

유승호(현대문학)

장석원(현대문학)

전형철(현대문학)

정우신(현대문학)

정재훈(현대문학)

융합적 사고와 글쓰기
워크북 –사회 계열

2020년 2월 19일 초판 1쇄 펴냄

지은이 고명철·김문정·김영건·김영범·김학현·유승호·장석원·전형철·정우신·정재훈
펴낸이 김흥국
펴낸곳 도서출판 보고사

등록 1990년 12월 13일 제6-0429호
주소 경기도 파주시 회동길 337-15 보고사 2층
전화 031-955-9797(대표), 02-922-5120~1(편집), 02-922-2246(영업)
팩스 02-922-6990
메일 kanapub3@naver.com / bogosabooks@naver.com
http://www.bogosabooks.co.kr

ISBN 979-11-5516-970-4   03710
ⓒ 고명철·김문정·김영건·김영범·김학현·유승호·장석원·전형철·정우신·정재훈, 2020

정가 10,000원

차례

1. 글과 삶: 삶의 문자화된 기록

자아와 내적 소통을 거친 결과가
문자로 구체화되어 외부로 나타나는 것이 글쓰기

①인간의 의사소통은 반드시 사고와 성찰의 단계가 선행되어야만 함
②언어와 사고는 분리된 것이 아니라 긴밀하게 융합되어 있다는 점이 중요
③인간의 모든 언어활동−듣기와 말하기, 읽기와 쓰기−은 서로 유기적으로 연관

학 과		성 명	
학 번		실시일	

1. 교재 〈예문 1〉을 읽고, 김태조의 행동이 무슨 의미를 띠는지 자신의 생각을 자유롭게 써보자.

→예문 교재 p.12

2. 자신의 하루 일과를 친구에게 얘기하듯 시간의 흐름을 고려하여 나열해보자.

학 과		성 명	
학 번		실시일	

1. 앞서 나열한 자신의 일과 가운데 한 가지를 택하여, 그 의미를 구체적으로 기술해보자.

2. 이 글을 친구와 바꾸어 읽어보고, 서로의 글에 대한 장, 단점을 기술해보자.

학 과		성 명	
학 번		실시일	

1. 내 인생의 결정적 세 장면을 뽑아 기록해보자.

2. 1번 문항의 내용을 포함하여 자신의 삶을 특징적으로 드러낼 수 있는 한 편의 글을 써보자.

학 과		성 명	
학 번		실시일	

1. 부모님 중 한 분과 인터뷰를 하고 부모님 인생의 결정적 세 장면을 뽑아 기록해보자.

2. 타인의 삶이 문자로 기록된 것(전기, 평전) 등을 읽고 이에 대한 간단한 서평을 써보자.

2. 말하기와 글쓰기: 현장성과 기록성

글은 시간과 공간의 제약을 떠나서도 전달이 가능하다는 점에서
말이 지니는 현장성과 다른 특성을 지님

①글은 기록성으로 인해 언어활동의 현장을 벗어나서도 보존이 가능
②글은 의미의 보존이나 역사적 축적이 가능한 언어 표현의 한 수단
③'말하기'가 상황적이며 비교적 공동체적으로 완성되는 언어 표현 방식이라면, '글쓰기'는 필자 개인의 독자적인 시공간 속에서 이뤄진다는 특성이 있음
④글을 쓸 때는 말과 달리 전혀 다른 시공간 속에서 불특정 다수의 독자들에게 의미가 충분히 전달될 수 있도록 해야 함
⑤비타협적이고 우호적이지 않을 수 있는 독자의 입장에서도 설득력 있게 이해될 수 있도록 고도로 숙련된 언어 표현 능력이 요구됨

학 과		성 명	
학 번		실시일	

1. 본문의 내용을 토대로 음성(말)과 문자(글)의 장단점에 대해 각각 기록해보자.

→교재 p.16

융합적 사고와 글쓰기 – 워크북(사회 계열)

2. 본인이 선호하는 언어적 표현 방식을 말하고 이유를 써보자.

3. 선택하지 않은 언어적 표현 방식에서 본인이 부족한 부분은 무엇인지 써보자.

학 과		성 명	
학 번		실시일	

1. 교재의 예문을 읽고 한글의 우수성을 생각해보자. 그리고 '훈민정음'의 창제가 조선 시대 계급 사회에 미친 영향에 대해 자신의 견해를 써보자. →예문 교재 p.17

2. 젊은 세대에서 유행하는 '급식체'에 대해 알아보고 자신의 견해를 기술해보자.

제2절 글쓰기의 목적과 효용

글쓰기는 교양인이 갖추어야 할 기본적 자질인 창의적이고 논리적인 사고력, 언어능력을 집중적이고 체계적으로 배양할 수 있는 최선의 방법

① 글쓰기는 대학 생활에 필요한 학문적 활동으로부터 학과 과목의 수강에 필요한 각종 보고서의 제출에 이르기까지 거의 모든 언어 활동과 사유의 과정 전체에 걸쳐 있음

② 읽기는 소극적으로 텍스트의 의미를 찾는 것에서 출발하여 적극적으로는 그 의미를 바탕으로 창의적인 해석을 하거나 글쓰기로 연결됨

③ 글쓰기는 기초 학문의 세계를 보다 충실하게 습득할 수 있도록 하나의 과정을 제공함

학 과		성 명	
학 번		실시일	

1. 교재의 예문들을 통해 교양의 의미를 생각해 보고 '대학 생활의 교양'에 대해 써보자.

→예문 교재 p.21

2. '교양'의 일반화가 중세 신분제 사회에서 근대사회로 전환하는 과정에 미친 영향에 대해 기술해보자.

학 과		성 명	
학 번		실시일	

K에게

최근 한국사회는 미투 운동(#me too)이 확산되면서 남성중심주의의 사회적 위계 구조와 관련한 유무형의 억압에 대한 래디컬한 비판과 성찰의 과정을 밟고 있습니다. 각종 개인 미디어의 발달은 그동안 공론화할 수 없던 문제들을 사회적 공론의 장 수면 위로 부상시켰습니다. 그리고 대중들은 그에 대한 자신의 의견을 내놓으면서 해당 사안에 대한 여론의 흐름과 방향을 자연스레 형성하고 있습니다. 여기서, 우리는 촛불혁명을 경험했듯이, 최근 이 같은 움직임의 밑자리에는 한국사회에 켜켜이 쌓인 온갖 부정부패를 일소함으로써 한층 진전된 민주주의 사회를 향한 열망이 자리하고 있습니다. 이것은 넓은 의미에서, 한국사회가 비평을 삶과 현실의 차원에서 실천하는 것으로 볼 수 있습니다. 대단히 중요한 비평의 과제를 실현하고 있습니다.

(… 중략 …)

K씨,

저는 최근 고민이 있습니다. 저의 이와 같은 '비평의 공부'를 대학 강단에서 학생들을 향해 일방통행식으로 주입시키는 게 아니라 그들과 함께 '비평의 공부'를 신명나게 할 수 없을까 하는 점입니다. K도 잘 알고 있듯이, 한국사회의 대학가는 출세와 성공주의 신화에 붙들린 채 우리가 살고 있는 삶과 현실에 대한 웅숭깊은 비판적 성찰은 온데간데 없이 휘발되어 있고, 약육강식의 정글의 법칙을 아무런 비판 없이 순순히 따르며, 이웃의 어려움을 외면한 채 오직 자신의 존재 가치를 증명해보이기에만 혈안이 된 것처럼 보입니다. 저는 신명난 '비평의 공부'를 통해 학생들 스스로 '심미적 성찰'의 미적 태도를 배양했으면 하는 마음 간절합니다. '심미적 성찰'을 통해 우리가 사는 세상이 이웃과 더불어 함께 사는 아름다움의 가치를 서로 나눠가졌으면 하기 때문입니다. 그래서 '비평의 공부'는 문학을 비롯한 예술 작품을 단순히 아름다움의 대상으로 간주하여 그 아름다움을 정교하게 분석하는데 그치는 게 아니라 우리의 삶과 현실이 아름다워질 수 있는 길을 내는 것입니다. 물론 그 과정에서 피해갈 수 없는 게 바로 논쟁입니다. 그러고 보니 K와 저도 논쟁을 피해갈 수 없었습니다. 그런데 많은 사람들은 이 논쟁을 곡해하고 있더군요. 논쟁을 저급한 수준의 단순한 싸움 정도로 생각하는 사람들이 대부분인데, 이러한 이해야말로 논쟁에 대한 매우 천박한 인식에 불과합니다. 저는 '심미적 성찰'을 통해 우리의 삶과 현실이 아름다워질 수 있는 길을 내는 게 중요하다고 말하는데, 이 길을 내는 과정은 순탄한게 아닙니다. 길을 내기 위해서는 온갖 장애물을 회피하지 않고 그것을 슬기롭게 넘어서야 합니다. 장애물을 막무가내로 부정하고 파괴함으로써 그것을 없애는 게 아니라 장애물의 속성을 적확히 파악하고 이 길이 우리 모두의 삶을 상생시키는 것이라는 점을 충분히 납득시키는 과정이 동반되어야 합니다. 이 과정이 바로 논쟁이며, '비평의 공부'는 논쟁에 익숙하는 것이기도 합니다.

K씨,

곰곰 생각해보면, 우리 사회는 논쟁에 익숙하지 않습니다. 일상 속에서 서로의 입장이 부딪치는 게 너무나 자연스런 일이라면, 그 입장의 차이를 선명히 할 필요가 있습니다. 무엇이, 왜, 어떻게 다른지, 그 차이를 투명하게 밝히고, 서로의 견해를 충분히 나누면서 조율할 수 있는 것은 조율해냄으로써 창조적인 생성의 길을 모색해야 합니다. '비평의 공부'는 이러한 창조적 생성의 길을 내기 위해 논쟁을 기피하거나 두려워하지 않습니다. 타자를 배제하고 부정하는 게 아니라 타자와의 생산적인 긴장 관계를 통해 아름다운 삶의 길을 모색하는 게 바로 논쟁이기 때문입니다. 때로는 격렬하게 때로는 완미하게 진행되는 논쟁은, 논쟁 자체가 아예 없는 것보다 아름다운 삶의 지평을 모색하는 데 큰 도움을 제공합니다. 논쟁의 과정 속에서 타자의 존재와 그 가치를 새롭게 인식하고, 자기만의 독단적인 입장이 갖는 문제점을 냉철히 검토하게 되니까요. 물론, 타자와의 부딪침 속에서 자기갱신을 위한 소중한 계기를 갖기도 하죠. 그래서 저는 '비평의 공부'가 비평가인 제 자신에게도 중요하지만 학생들에게도 소홀히 할 수 없는 것이라는 생각을 지울 수 없습니다. 제게 소박한 바람이 있다면, 이러한 '비평의 공부'를 생활 속에 뿌리내리도록 하는 일입니다. 왜냐구요? 비평은, 비루한 삶의 틈새에서 아름답게 살고 있는 사람들의 꿈을 저버릴 수 없기 때문입니다. 비평은, 삶의 아름다운 가치를 추구하는 공부니까요.

— 고명철, 「신생의 삶을 향한 비평」, 『항공대신문』, 2018.3.19. 부분

1. 위의 예문을 읽고 '비평', '비판적 글쓰기'에 대한 본인의 생각을 써보자.

2. 최근 국내외에서 일어나고 있는 논쟁의 구체적 사례를 들고 그것에 대한 자신의 뚜렷한
입장을 써보자.

제3절 삶의 현장에 따른 글쓰기의 종류

삶의 과정만큼이나 글쓰기의 종류는 다양함

①글의 형식에 따른 분류
②글의 내용에 따른 분류
③글의 표현 방법에 따른 분류

학 과		성 명	
학 번		실시일	

1. 자신의 전공분야 필독서 및 저자에 대해 조사하고 한 권을 선택해 글쓰기의 특징에 대해 기술해보자.

2. 위의 내용을 토대로 자신의 전공 분야 글쓰기 과정에서 중점을 두어야 할 것들에 대해 기술해보자.

학 과		성 명	
학 번		실시일	

예문

　　매년 영화관에서 한국영화를 관람하는 관객의 수가 1억 명을 넘고 있다. 한국영화의 제작비나 매출액 규모에서 이미 외국영화를 능가하고 있을 만큼 한국 영화시장은 해외 영화제작자나 배급사에게도 관심의 대상이 되고 있다. 하지만 영화시장의 구조가 대기업 중심의 수직계열화가 됨에 따라 발생하는 불공정거래행위가 국내 영화산업의 지속적인 성장에 부정적인 영향을 미치고 있다. 영화시장에서 수직계열화 구조를 통해 배급과 상영을 장악하고 있는 핵심에는 CJ E&M(주), 롯데엔터테인먼트, 쇼박스의 3대 배급사와 CJ CGV, 롯데시네마, 메가박스의 3대 멀티플렉스 체인이 놓여 있다. 전국의 전체 극장 417개 335개가 멀티플렉스 극장이고 그 중 330개를 CGV, 롯데시네마, 메가박스가 소유하고 있으며, 이들 3대 멀티플렉스 체인의 매출점유율의 합이 97.1%에 달하고 있다. 이와 같은 수직계열화 기업들이 상영관을 독과점하면서 거래상의 지위를 남용하여 자사가 제작하거나 배급하는 영화를 중심으로 상영하는 환경을 조성하면서 불공정거래행위를 낳고 있는 것이다. 영화시장에서의 대기업에 의한 수직계열화를 제한하는 내용의 법률개정안이 발의된 바 있지만, 그 실효성에 대한 논란이 지속되고 있다. 고위험 고수익 산업에 해당하는 영화산업의 특성과 미국 연방대법원의 '파라마운트 판결' 이후 미국의 영화시장의 침체 등을 고려해야 한다는 것이다. 정부의 강제적인 개입보다는 영화시장의 자율적인 개선에 맡겨야 한다는 주장도 맥락을 같이 한다. 이러한 점에서 영화산업 각 분야를 위한 다양한 표준계약서의 역할이 중요하다. 영화시장의 특성과 변화를 고려하여 표준계약서의 내용에 대한 지속적인 보완 못지않게 무엇보다 그 적극적인 활용을 통해 실효성을 확보하는 것이 중요하다. 또한 영화산업의 다양성 확보를 위해 독립 예술영화의 배급 및 상영에 적합한 환경을 구축하는 것도 필요하다. 그밖에 디지털 기술의 발전에 따라 온라인을 통한 영화콘텐츠의 제공으로 부가시장이 급성장하는 만큼, 영화상영관의 범위를 확대함과 동시에 영화의 개념을 새롭게 정립하기 위한 노력도 필요하다.

– 남기연, 「영화산업의 독과점 실태와 해소 방안」, 『스포츠엔터테인먼트와 법』 20권 4호,
한국스포츠엔터테인먼트법학회, 2017. 부분

1. 위의 글은 한국영화산업의 독과점 현상에 대해 쓴 글의 일부분이다. 저자가 지적한 한국영화산업의 독과점 특징과 대안에 대해 써보자.

2. 최근 특정 영화 작품이 전국 영화관의 스크린을 독점하는 상황이 종종 벌어져 문제가 되고 있다. 스크린 독점에 대한 사회적 논의를 조사해 정리해 보고 자신의 의견을 덧붙여 보자.

학 과		성 명	
학 번		실시일	

[제주 4·3 제70주년 범국민위원회] 제주 4·3은 대한민국의 역사입니다

북촌리는 국제법상 전쟁 중일지라도 엄격하게 금지하고 있는 제노사이드(genocide: 집단학살)의 대표적인 사례를 간직하고 있는 마을이다. 1949년 1월 17일, 4·3 당시 단일 사건으로는 가장 많은 인명이 희생당한 북촌리 주민 대학살 사건. 이 사건은 북촌국민학교를 중심으로 한 동·서쪽 밭에서 자행됐다.

이날 아침 세화리 주둔 제2연대3대대의 중대 일부 병력이 대대본부가 있던 함덕리로 가던 도중에 북촌 마을 입구에서 무장대의 기습을 받아 2명의 군인이 숨졌다. 그 후 무장한 군인들이 북촌마을로 들이닥쳤다. 군인들은 총부리를 겨누며 주민들을 내몰고는 온 마을을 불태웠다. 4백여 채의 가옥들이 하루아침에 잿더미로 변했다.

군인들은 군경가족을 나오도록 해서 운동장 서쪽 편으로 따로 분리해 나갔다. 이때 교문 쪽에서 총성이 들렸다. 한 어머니가 아기를 안은 채 싸늘히 식어갔다. 배고파 울던 아기는 죽은 어머니의 젖가슴에 매달려 젖을 빨고 있었다.

군인들은 남녀노소 가리지 않고 주민 몇 십 명씩을 끌고 나가 학교 인근 '당팟'과 '너븐숭이' 일대에서 사살하기 시작했다. 이 학살은 오후 5시께 대대장의 중지 명령이 있을 때까지 계속됐고, 북촌 주민 약 350여 명이 희생됐다. 이날 희생된 어린아이들의 시신이 묻힌 돌무덤이 지금 북촌리 4·3기념관 옆 속칭 '너븐숭이' 일대에 20여 기가 남아 있다.

이 사건으로 북촌마을은 후손이 끊긴 집안이 적지 않아서 한때 '무남촌'으로 불리기도 했다. 해마다 음력 섣달 열여드렛날이 되면 명절과 같은 집단적인 제사를 지내고 있다. 침묵과 금기 그리고 왜곡의 역사가 그 후로도 오랫동안 이어졌다.

제주 4·3의 상징인 조천읍 북촌리. 학살과 강요된 침묵, 그리고 '울음마저도 죄가 되던' 암울한 시대를 넘어 이제는 북촌리는 진실과 화해, 평화와 상생의 새 역사로 나아가고 있다. 정부는 이곳 '너븐숭이' 일대에 국비 약 15억8천만 원을 들여 위령비와 기념관, 순이삼촌 문학기념비 등을 마련하여 후세들의 산 교육장으로 활용하고 있다. 북촌리 4·3희생자유족회는 이곳에서 매년 음력 12월 19일 희생자들에 대한 위령제를 엄숙하게 지내고 있다.

– 김경훈, 「제주 4·3학살의 대명사, 북촌리」, 『제주 4·3은 대한민국의 역사입니다』 3호, 2019. 부분

1. 위의 예문은 제주 4·3 70주년을 맞이하여 발간한 소식지에 실린 글이다. '너븐숭이'는 4·3학살이 일어난 곳 중 대표적인 학살터로 널리 알려져 있다. 예문에서도 읽을 수 있듯, 죽은 엄마의 젖을 물고 있는 어린애의 모습은 4·3의 참상을 단적으로 말해준다. 이 모습을 사실적으로 그린 강요배 화가의 '젖먹이' 그림을 인터넷에서 찾아본 후 그 그림에 대한 각자의 생각을 자유롭게 써보자.

2. 근현대사의 역사적 사건이 일어났던 장소를 직접 방문해 사진을 찍어, 세 장을 골라 제시하고 '사건'과 연관시켜 본인의 생각을 기술해보자.

학 과		성 명	
학 번		실시일	

1. 좋은 글을 쓰기 위해서는 자신의 장, 단점을 알아야 한다. 그리고 부족한 점을 파악해 고치면 더 좋은 글을 쓸 수 있다. 다음의 문항을 보면서 자신의 글쓰기에 대한 분석을 시도해보자. 자신의 문제가 무엇인가? 그것을 알면 고칠 수 있는 해결 방안도 찾을 수 있다.

다음 항목에서 자신에게 해당하는 내용에 ∨표 해보자.

(1) 글을 쓰기 위해 충분한 시간을 두고 깊이 생각한다. (　　)

(2) 글을 쓰기 전에 사전 준비를 하지 않고 바로 시작한다. (　　)

(3) 무엇에 대해 글을 써야 할지 막막할 때가 많다. (　　)

(4) 글을 시작하는 서두, 첫 문장이 어렵다. (　　)

(5) 생각이 문장으로 표현이 되지 않는다. (　　)

(6) 몇 줄 쓰고 나면 할 말이 없어진다. (　　)

(7) 개요나 구성을 짜기가 힘들다. (　　)

(8) 한 편의 글을 쓰는데 너무 많은 시간이 걸린다. (　　)

(9) 서론을 쓰는 것이 어렵다. (　　)

(10) 글을 쓰고 난 뒤에 보면 틀린 문장이나 오자가 많다. (　　)

(11) 글쓰기는 무조건 어렵고 힘든 작업이라 생각한다. (　　)

위의 질문 문항에서 자신의 어려움이 글쓰기의 어느 단계에 있는지 확인해보자.

자신의 문제가 글쓰기 전 단계인 발상의 과정에 있는가? 아니면 구체적으로 문장을 기술하는 쓰기 단계에 있는가? 자신의 문제를 깊이 있게 생각해 본 후 해결 방안을 찾아보자.

1. 심리적인 문제

글쓰기에 대한 두려움을 없애야 한다. (　　　)

단어나 어구가 아닌 완전한 문장 표현을 친근하게 여긴다. (　　　)

2. 글쓰기 전 단계

충분한 독서를 통해 지식을 쌓아야 한다. (　　　)

사물을 관찰하고 심사숙고하는 자세가 필요하다. (　　　)

글의 다양한 요소를 학습해야 한다. (　　　)

3. 글쓰기 단계

자신의 생각과 감정을 기술하는 문장 연습이 필요하다. (　　　)

글을 정성을 쏟아 진실하게 작성해야 한다. (　　　)

퇴고 과정을 꼼꼼하게 할 필요가 있다. (　　　)

1. 생각 만들기

1) 글감 찾기

화제와 주제는 다르다
화제가 혹은 생각이 곧 글이 되지 않는다
요컨대, '언어로 구성된 생각을 글쓰기의 방법에 맞춰 쓰고,
말하기의 규칙에 따라 말해야 한다

①일상생활의 경험에서 글감 찾기
②학문적 주제에서 글감 찾기
③사회적 이슈에서 글감 찾기

학 과		성 명	
학 번		실시일	

　베를린에서 열린 작가 회의에서 인터넷 시대의 저작권에 대한 토론이 있었다. 지금으로서는 저작권 시효가 지난 고전 텍스트나 〈자발적인〉 현대 작가의 텍스트만 인터넷에 올려 져 있다. 만약 어느 테러리스트가 인기 있는 작가의 방금 출판된 책을 인터넷에 올려놓는다면 고발당할 수 있다. 하지만 그걸 확인하는 데 얼마나 많은 시간이 필요한가? 2~3일만 방치해 두어도 수백만 명이 벌써 공짜 책을 갖게 된다.

　물론 호메로스를 멋진 책으로 읽는 것과 자꾸 손에서 떨어지는 프린터 용지로 읽는 것은 서로 다르다. 하지만 대중 소설은 주로 침대에서 읽는다. 아마도 침대 테이블에 인쇄용지들을 올려놓고 읽은 다음 내버리는 것이 더 편리할지도 모른다. 많은 사람들이 한번 읽고 버리는 보급판을 사기도 하니까 말이다. 더군다나 새로운 프린터는 인터넷에서 텍스트를 내려 받아, 페이지를 매기고 제본하여 제공할 것이라는 말도 있다. 그 정도라면 해적판을 공식 책보다 싸게 만드는 것은 시간문제이다. 만약 그런 일이 일어난다면, 출판업자는 해적판이 나올 책을 인쇄해서는 전혀 이익이 없을 것이다.

　언젠가 나는 내 책을 출판했던 미국의 어느 출판사(재정이 매우 궁핍하여 증정본도 보내지 않는 대학 출판사)가 캘리포니아의 어느 교수를 고발하려 한다는 것을 알았다. 학생들에게 내 책을 서른 부 복사하도록 했다는 것이다. 나는 편집장에게 그냥 내버려 두라고 부탁했다. 돈 몇 푼보다는 서른 명의 독자가 더 나으니까. 하지만 나는 속물이었고, 편집장은 진지한 사람이었다. 그런 원칙의 문제에 바로 자신의 생존 문제가 달려 있으니까 말이다.

　1960년대 말 피델 카스트로는 저작권이 문화의 자유로운 보급을 침해한다고 주장하였다. 하지만 현대에 저작권이 다른 민주적 권리들과 함께 힘겹게 확립된 것은 결코 우연이 아니다. 그것은 문화의 자유에 대한 보장이다.

　저작권이 없어도 좋은 사람은 누구인가? 우선 젊든 나이가 많든 인정받지 못한 많은 작가들이다. 단지 자신을 알리기 위해 글을 쓰는 사람들이다. 지금까지 그들은 오히려 돈을 받는 별로 진지하지 않은 출판사들, 아니면 돈을 지불하지 않는 아주 진지한 잡지들에 글을 썼다. 그들에게는 여러 가지 강요를 받을 필요도 없이 자신의 텍스트를 인터넷에 보급할 수 있다는 것은 최고로 바람직한 일이다. 마찬가지로 과학 분야에서도 책을 1백부

출판하기 위해 돈을 지불하거나, 또는 지극히 제한된 범위에만 유포되는 잡지에 공짜로 출판하는데, 별쇄본 비용을 저자에게 떠맡기기도 한다. 게다가 그 모든 것이 몇 년 동안 늦어지기도 한다. 그런 학자들에게 곧바로 텍스트를 인터넷에 올려 자신의 연구를 알릴 수 있다는 것(1백 명이 아니라 수천 명에게, 또한 2년 후가 아니라 즉각 알리는 것)은 하나의 은총이다. 여기에는 문제들도 있다. 텍스트들을 선택하고 거르고 저장하는 사람은, 인터넷에서 그 텍스트가 사라졌을 때 인용하려면 어떻게 해야 할까? 그런 불편한 문제들을 어떻게 해결할지 두고 볼 일이다.

이제 저작권이 없어서는 안 될 사람을 살펴보자. 첩보 사건이나 공포물을 팔아 부자가 되는 성공적인 소설가뿐만 아니라, 대규모의 진지하고 훌륭한 전문가 집단을 이루는 입문서 저자들까지 고려해야 한다. 그들은 명예를 얻기 위해 작업할 수도 있지만, 분명 어떤 경제적 이익을 얻으려고 몇 년 동안 작업하기도 한다. 만약 자신의 작업이 인터넷에서 공짜로 끝나게 된다는 무엇 때문에 시간을 낭비하겠는가? 아마도 좀 더 수입이 좋은 작업, 예를 들어 개인 기업을 위한 입문서 작업을 찾을 것이며, 반면에 인터넷에는 그 입문서를 아무에게도 팔지 못하는 사람을 위한 충고를 올릴 것이다.

그렇다면 이제 수상쩍은 〈예술가들〉을 살펴보자. 시인들을 말하는 것이 아니다. 시를 써서 살아갈 수는 없으니까. 바로 소설가, 희곡 작가, 평론가, 음악가들이다. 그들은 명예를 위해 작업하지, 저작권을 위해 일하는 것은 아니라고 치자. 그러기 위해서는 잘 작업해야 하는데, 집안이 부유하지 않다면, 누군가가 숙식을 제공해 주어야 할 것이다. 그렇다면 결국 몇 세기 뒤로 거슬러 올라가 궁정 시인으로 돌아가게 된다.

하지만 궁정 시인은 자신을 돌봐 주는 영주에게 무엇인가 대가를 지불해야 한다. 그 당시에는 아리오스토가 자신의 서사시를 〈에르콜레의 후손〉에 대한 찬양과 함께 시작하는 것은 당연해 보였다. 전혀 나쁠 것이 없다. 베르길리우스 역시 아우구스투스에게 아첨하였다. 하지만 만약에 미래의 파솔리니가 베를루스코니의 남성적 아름다움을 찬양하고, 미래의 모라비아가 아녤리의 권태에 대해 다루고, 파베세가 에이나우디 가문의 신화적 기원에 관한 대화를 쓴다면 좋겠는가?

저작권은 아무리 저속해 보일지라도 글을 쓰는 사람에게는 자유의 보장이 된다. 인터넷 시대에 그런 보장책을 어떻게 지킬 것인가 하는 것은 또 다른 문제이다.

－움베르트 에코, 김운찬 역, 「인터넷 시대의 저작권」, 『책으로 천년을 사는 방법』, 열린책들, 2019. 부분

1. 예문은 Ctrl+C, Ctrl+V로 상징되는 손쉽게 무한 복제가 가능해진 인터넷 시대 저자의 저작권 문제가 무엇을 의미하는지 다룬 글이다. 쉬운 복제가 가져온 부작용 중 대표적인 것이 표절 문제라 할 수 있을 것이다. 글의 저자가 예로 든 상업적 목적을 둔 출판업자들 말고 대학생들을 비롯한 일반인들이 쉬운 복제, 표절 문제에 직면했을 때 고려해야 할 윤리적 문제는 무엇인지 각자의 생각을 써보자.

2. 표절 문제는 대학생이라면 누구나 한두 번은 직간접적으로 경험했음 직한 일들 가운데 하나이다. 이처럼 대학 생활 동안 실제로 겪은 혹은 겪을 만한 일들 가운데 글감으로 쓸 만한 것을 찾아보고 그에 대한 자신의 문제의식을 써보자.

예문

tvN 〈나의 아저씨〉에 대한 평가는 극과 극이다. 방영 초기, 현실 속 40~50대 남성의 권력을 지우고 아저씨들의 자기연민을 늘어놓는다는 비판(황진미)이나 이지안(아이유)과 구원자로서의 박동훈(이선균)을 운명적인 관계로 묶어내며 로맨스를 정당화하는 영상문법에 대한 비판(박우성)이 주를 이뤘다면, 회차를 거듭할수록 "김운경 작가님이 젊어지시면 이런 느낌일까"라는 반응(유병재)이나 로맨스가 불가능한 신자유주의 한국의 삭막한 풍경을 잘 그려냈다는 평(문강형준)이 나왔다. 하지만 〈나의 아저씨〉에 대한 평이 극과 극인 것은 호평과 악평으로 나뉘기 때문만은 아니다. 두 입장의 비평은 놀라울 정도로 서로 다른 지평 위에 서 있다. 비판하는 쪽에서 이곳의 한국 사회에서 실제 아저씨들이 지닌 권력과 폭력이 지워져 있는 문맥을 문제 삼는다면, 옹호하는 쪽에선 드라마가 의도하고 실제로 꽤 잘 구현되는 상처 입은 삶들에 대한 위로를 이야기한다. 그렇다면 공통의 논의를 위한 질문은 다음과 같이 제기될 수 있다. 〈나의 아저씨〉에 깔린 아저씨 세대에 대한 연민의 기만성은 신자유주의적 자본주의 체제에서 고난받는 개인들에 대한 위로라는 주제의식 안에서 중화될 수 있는 것일까. 다시 말해 이 텍스트 안의 명백한 성맹적(gender blind) 요소는 약점이되 지엽적인 것인가. 결론부터 말하자면 그렇지 않다.

〈나의 아저씨〉와 비슷한 인물 구도를 갖춘 김원석 감독의 전작 tvN 〈미생〉과 비교해보자. "당신들이 술맛을 알아?"라는 오상식(이성민)의 대사는 직장인들의 심금을 울렸지만 여기엔 가정 바깥에서의 노동만이 고난처럼 그려진다는 점에선 어느 정도 성맹적 요소가 있다. 다만 직장인 사회에 집중하는 드라마 안에선 지엽적인 문제가 될 뿐이다.

〈나의 아저씨〉는 그보다 훨씬 멀리 나간다. 이선균이 분했던 MBC 〈하얀거탑〉의 최도영을 오상식 자리에 앉혀놓은 듯한 박동훈은 민감한 양심 때문에 괴로워하면서도 억누르고 회사로 출근하는 인물이다. 형인 박상훈(박호산)이 한 건축업자의 옷을 더럽혀서 무릎 꿇고 비는 걸 어머니 변요순(고두심)이 보게 된 걸 안 동훈은, 해당 업자를 찾아가 "밖에서 당한 모욕을 가족은 모르게 해야 한다"고 부르짖는다. 그를 통해 간도 쓸개도 빼놓고 가족을 위해 희생하는 남성 '가장'에 대한 연민은 극대화된다.

하지만 그의 아내인 강윤희(이지아) 역시 밖에서 활동하는 변호사이며 그런 그가 집에서 꼬박꼬박 동훈을 위해 밥을 차려주는 장면은 아무런 문제제기나 연민 없이 그려진다.

동훈의 휴대전화에 윤희는 이름이 아닌 '집사람'으로 저장되어 있다. 자본주의 정글에서 탈락해 백수로 지내면서도 꼬박꼬박 어머니 요순이 해주는 밥을 당연하듯 먹고 있는 상훈은 어떠한가. 여성은 전문직이어도 남편의 밥을 해주고, 남성은 백수가 되어도 여성이 해주는 밥을 먹는다. 가부장제 안에서 '가장'으로서의 남성이 자본주의하의 세상에서 시달리는 건 사실이다. 하지만 바로 그 자본주의 체제라는 것이 여성들을 가사 노동에 갈아넣어 유지되는 시스템이라는 사실에 대해 드라마는 놀랍도록 침묵한다. 드라마 안에서 울분을 토해내는 건 오직 남성들이다.

직장인 남성에 대한 이야기를 하는 것과 직장인 남성만 발언할 기회를 주는 것은 전혀 다른 차원의 문제다. 〈나의 아저씨〉는 후자다. 이러한 비대칭성은 굳이 현실 40~50대 남성이 지닌 성별 권력을 언급하지 않더라도 이미 텍스트 안에서 하나의 권력으로 기능한다. 〈미생〉의 장그래-오상식 구도와 흡사하면서도 다른 이지안-박동훈의 관계는 이 차이를 잘 보여준다. 처음부터 정서적 이입이 가능했던 장그래와 달리 지안은 속을 알 수 없는 존재이며, 어떤 의미로든 호감 가지 않는 인물이다. 무례하며 범법 행위도 쉽게 저지른다. 〈나의 아저씨〉는 그런 지안을 시청자에게 이해시키기 위해 동훈이라는 우회로를 거친다. 모두가 지안의 위악을 이해하지 못할 때 동훈만이 동료들을 향해 더 정확히는 시청자를 향해 지안을 위해 변명해준다. "상처 받은 아이들은 너무 일찍 커버려"라고. 동훈과 건축업자와의 실랑이를 도청하던 지안이 가족에 대한 동훈의 말을 들으며 자신이 할머니를 위해 살인을 무릅쓴 순간을 떠올리는 것도 마찬가지다.

지안이 도청을 통해 동훈을 속속들이 알 수 있는 반면 동훈은 그럴 수 없다는 것은 서사적 트릭일 뿐이다. 정작 도청을 통해 동훈에게 감화되는 것은 지안이며, 지안의 속을 간파하고 드러내는 것은 동훈이다. 20대 여성 지안이 겪는 혹독한 삶은 기성세대인 동훈의 자상한 시선을 통해서만 이해될 수 있다. 이 과정은 일면 따뜻하고 휴머니즘적이지만, 모든 정서적 이입이 동훈을 통해서만 가능하기에 지안이 겪는 부조리한 현실조차 동훈의 주관적 관점 안에서 쉽게 상호이해 가능한 것이 되어버린다.

하여 〈나의 아저씨〉의 강점으로 이야기되는 상호이해와 화해, 치유의 서사는 특유의 성맹적 약점 안에서 오히려 기만적인 효과를 만들어낸다. 충분히 멀리서 보면 모두들 신자유주의 체제에서 각자도생 중이며 서로 도와야 할 이들인 건 맞다. 하지만 동훈의 말대로 이 세상이 지옥이라는 것이, 모두가 감수해야 할 고통과 불의가 공평하다는 뜻이 되는 건 아니다. 각자도생의 시대에 더 많은 불의를 감수해야 하는 건 파견직 20대 여성이 맞다. 자신에게 키스하려 했단 이유로 지안을 바로 회사에서 자르려 한 동훈의 행동은 어떻게 봐도 월권이자 남의 밥줄을 건 폭력이지만 드라마 안에선 지안의 생존 능력을 보여주기 위한 맥거핀으로 활용될 뿐이다. 모두가 힘든 신자유주의 세계에서도 유독 파견직의 목숨은 파리 목숨이라는 것, 당장 사내 정치에서 밀려 고난을 당하며 억울해 죽겠다는 표정을 짓는 40대 남성도 단지 여성의 "단정치 못한 품행"을 근거로 젊은 파견직 근로자를 자를 권력이 있다는 것은 제대로 논의되지 못한다.

박해영 작가의 전작 tvN 〈또 오해영〉에서 줄곧 등장했던 '여적여'(여자의 적은 여자) 구도가 불평등한 구조에 대한 인식을 대체하는 건 그래서 우연으로 보기 어렵다.

회식 자리에서 여성이 당연한 듯 고기를 굽는 상황에서도 갈등은 여성 대 남성이 아닌, 파견직이고 더 나이 어린 지안이 고기를 굽지 않는 것에 대한 여성 직원의 분노로 표출된다. 남편보다 잘나가는 여성에 대한 사회적 미움의 정서는 가부장제에 대한 문제제기가 아닌 윤희에 대한 요순의 불편함으로 그려지며, 이혼 후 도준영(김영민)과의 결혼까지 염두에 뒀던 윤희의 정상 가족을 이루지 못하는 것에 대한 과도한 두려움 역시 남성들은 지워진 채 지안에 대한 윤희의 적대로 드러난다. 동훈 삼형제로 대표되는 '나의 아저씨들'은 자신들이 눌러 앉은 구조적 우위에 서서 구조적 약자인 여성들끼리의 싸움을 멀뚱멀뚱 쳐다보는 한에서 무해하게 그려진다. 이 드라마가 사랑이 아닌 사람의 이야기를 꽤 야심차게 그려내려 한 건 맞다. 하지만 그 아저씨들이 젠더 권력과 경제 권력의 맥락에서 벗어나 오직 사람의 얼굴로 등장하기 위해선 그들이 여성을 착취하며 누리고 있는 많은 것들을 모르는 척해야만 한다. 이 선택적 무지를 과연 휴머니즘이라 칭해도 될까.

– 위근우, 「'나의 아저씨', 모두를 위한 지옥에도 불평등은 있다」, 『경향신문』, 2018.4.27.

1. 예문의 글감은 일상생활에서 흔히 접하는 TV 드라마이다. 그런데 이 글을 쓴 이는 그저 TV 드라마를 소개하거나 평하는 정도에서 그치지 않고 한국 사회에서 이뤄지고 있는 '페미니즘', '여성주의'의 이슈를 글감 속에서 이끌어 내고 있다. 그 사회적 이슈들의 세부 사항들은 무엇인지 차근차근 정리해보자.

2. TV 프로그램과 영화를 포함하여 일상생활에서 자주 접하는 대중문화 텍스트들 가운데 하나를 선정하여 그 안에서 추출해 낼 수 있을 학문적 주제나 사회적 이슈를 생각나는 대로 써보자.

1. 생각 만들기

2) 생각의 실마리를 찾아서

글감에 자신의 주장 혹은 의견과 이유를 보태야만 의미 있는 생각이 된다

①주제문 = 주장 + 근거
②주제문 = 의견(생각) + 이유

자유연상
①한 가지 문제에 대하여 다양한 아이디어 생성해내는 방법
②한 주제에 대하여 끊임없이 연상하여, 모든 경우를 모으는 것

학 과		성 명	
학 번		실시일	

1. 아래 그림을 기초로 하여 사회 관계망 서비스 SNS를 통해 곧 잘 퍼지는 가짜뉴스의 문제점에 대한 글을 쓰고자 하는데, 자신의 생각을 브레인스토밍 방식으로 써보자.

@   님에게 보내는 답글
문 은 고개도 못들고 요렇게 김영철은 한손은뒤로
똑바로서서 악수하는데 문 은 고개를 90도로 숙이고
왼손은 앞에 모셔놓고 악수하는데 감히? 얼굴이나
봤겠습니까?...ㅉㅉㅉ

2018. 2. 26. 오전 8:56

리트윗 **9**회 마음에 들어요 **5**회

2. 위에 적은 내용들을 정리하여 글에서 다룰 핵심 문제를 정해보자.

학 과		성 명	
학 번		실시일	

1. '대학 생활'에 대해 떠오르는 단어들을 다음 빈 칸에 써보자.

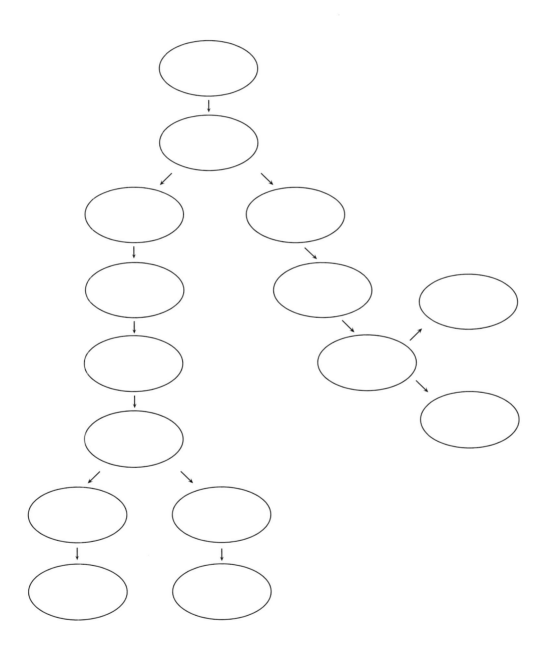

학 과		성 명	
학 번		실시일	

　'미국 지성계의 여왕'으로 불린 수전 손택은 1993~1995년에 사라예보에서 보낸 시간을 떠올리며 전쟁 보도사진을 다룬 책 한 권을 썼다. 〈타인의 고통〉이라고 이름 붙여진 이 책에서 그녀가 쓴 것은 모두를 울부짖게 만드는 사진의 '뜨거움'은 아니었다. 오히려 사진이란 그것을 보며 연민할 수 있는 이들의 알리바이일 수 있다는 것, 즉 사진의 '차가움'과 '우울함'에 대한 것이었다. 이 책에서 그녀가 잘 지적하듯, 우리에게는 이미 사진이라는 매개체를 통해 '타인의 고통'을(멀리서) 성찰할 수 있는 기회가 수없이 많다. 아니, 스펙터클로만 현실을 인지한다고 할 수 있을 정도로 '고통의 이미지'는 범람하며, 그 이미지들은 각각의 고통을 그저 그런, 대동소이한 것으로 만든다. 그리고 그걸 보는 이들은 타인의 고통을 소비하는 구경꾼, 겁쟁이, 관음증 환자가 된다.

　그럼에도 터키 해안가로 떠내려온 시리아 난민 아일란 쿠르디의 주검을 담은 한 보도사진은 많은 이들의 마음을 울린 '뜨거운' 사진이 됐다. '네이팜탄 피폭 소녀'를 찍은 후인 꽁웃의 사진처럼 두고두고 회자될 이 사진은 유럽시민들에게 난민 인권의 중요성을 단번에 환기시켰고, 결국 난민 수용에 대한 전향적 조치를 이끌어내기까지 했다. 유럽시민들로 하여금 난민들에게 담요와 음료수를 가져다주고, 자기 집을 개방하게까지 한 이 사진의 마법은 무엇일까. 손택은 말했다. 실제의 공포를 촬영한 이미지를 쳐다볼 때에는 충격과 더불어 '수치심'이 존재한다고. 그것을 쳐다볼 수 있는 권리를 지닌 사람은 그 고통을 격감시키려 뭔가를 할 수 있었던 사람, 혹은 그 고통에서 뭔가를 배울 수 있었던 사람밖에 없다고.

　그런가 하면, 어떤 사진들은 여전히 '그토록 필사적으로 보려고 하는 것은 무엇인가'를 되묻게 한다. 지하철에서, 화장실에서, 학교와 영화관에서 여자들의 몸과 사생활을 몰래 찍은 그 사진들 말이다. 우습지만, 초소형카메라가 발명됐을 때 떠올린 것은 정보 선진국들이 벌이는 은밀한 첩보전과 같은 세련된 스파이 서사였다. 그런데 지금 넥타이 핀 구멍보다 작고, 가격도 몇십만 원에 불과하다는 이 첨단의 카메라에 찍힌 것은 그저 무수한 여자들의 살점이다. 여기에는 그 어떤 공상과학적 로망은 물론 일말의 에로티시즘조차 없다. 그것들은 한낱 개인의 정보력을 과시하고, 글 조회수를 올리며, 장당 몇 십 원에 팔리기 위해 전시될 뿐이다. '몰카를 찍지 마세요'가 아니라 '몰카를 조심하세요'라며 피사체(피해자)에게 주의를 당부하는 이 나라에서 '본다는 것'의 수치심을 묻는 일은 차라리 사치 같다. 하지만 묻자. 이것은 왜 '인권'의 문제 혹은 숙고해야 할 '타인의 고통'이 아니란 말인가. 다시 손택의 말. 그녀는 카메라란, "사진을 찍는 사람이 사진에 찍히는 사람에게 아무런 책임도 지지 않은 채, 도덕적 한계와 사회적 금기를 넘나들 수 있게 해주는 일종의 여권"이라고 썼다. 아마 그녀는 피사체의 공포 속으로 뛰어들지 않는 사진의 욕망과 윤리에 대해 암시하려 했던 것 같다. 그렇다면 무방비상태로 닥쳐오는 수많은 '고통의 이미지'들과 '이미지의 고통' 앞에서 우리는 뭘 할 수 있을까. 당장 할 수 있는 일이 있다. 난민협약 가입국으로서 한국의 유명무실한 '난민법'의 실효화를 촉구하는 일, 그리고 '100만 회원'을 자랑한다는 불법 성인사이트 '소라넷'의 폐지를 요구하는 서명운동에 참여하는 일.

— 오혜진, 「고통의 이미지와, 이미지의 고통」, 『한겨레신문』, 2015.9.13.

1. 예문을 쓴 이는 아무런 윤리적 부채감 없이 '여성의 몸을 대상화 하여 관음증에 열광하고 있는 한국 사회의 병증' 중 하나인 '몰카 범죄'에 대해 비판하며 한국에서의 인권'문제를 바라보는 시각에 대해 꼬집고 있다. 이를 위해 수전 손택의 시각을 빌어 우리가 타자를 바라보는 시각과 자세에 대해 어떤 고민과 실천을 해야 할지 말하고 있다. 구체적으로 어떤 문제들이 있고 문제에 대처하는 우리의 자세는 어떠해야 하는지 써보자.

2. 적힌 내용들을 바탕으로 한 편의 글을 쓴다고 할 때 자유 연상법을 통해 글감과 핵심 문제를 구성해보자.

3. 낯설게 보기 방법을 활용하여 자신이 '젠더 문제'에 대해 어떤 시각을 가지고 있는지 간략한 글을 작성해보자. 예컨대 최근 한국 사회에서 벌어진 '성적 불평등' 문제에 대해 자신의 생물학적 성별을 잠깐 초월해서 각각 남성의 입장에서, 여성의 입장에서 문제적 사항을 대하는 사람처럼 설정한 뒤 근래 들어 일어난 일들을 써보자.

1. 생각 만들기

3) 가상적 주제와 관점 설정하기

1. 가상적 주제를 만든다는 것은 글감에 자기의견을 더한다는 말이다

가주제 = 글감 + 방법론

2. 추가되는 방법론
   ①글쓴이의 관점
   ②세계관
   ③이데올로기
   예) 실증주의적 방법론, 역사주의적 해석법, 정신분석학적 접근법, 페미니즘적 태도 등

학 과		성 명	
학 번		실시일	

　영국의 대표적인 역사가의 한 사람인 에릭 홉스봄은 최근 민족주의 연구에서 매우 중요하다. 민족주의의 주류적 해석이라고 할 '근대주의적 해석'의 주도 인물 가운데 하나이기 때문이다. 그는 민족이 근대 자본주의의 산물이고 민족이 민족주의를 만든 것이 아니라 민족주의가 민족을 만들었다고 주장한다. 민족이 인위적으로 만들어졌다는 것이다. 따라서 민족적 정체성은 대수로운 것이 아니며 쉽게 사라질 수 있다고 생각한다.

　또 많은 민족주의는 반동적인 지배계급이 정권을 유지하기 위한 수단으로 발전시킨 것이므로 관제민족주의의 성격이 강하고 따라서 억압적 성격을 가질 수밖에 없다고 생각한다. 게다가 이제 지구화 시대에 들어섰으므로 민족과 민족주의는 머지않아 사라질 것이라고 주장한다.

　그러나 이런 주장은 민족이 전근대 역사 속에서 발전해온 과정을 경시한다. 또 민족주의가 내부적 요인이 아니라 국가 사이의 경쟁이라는 외부적 요인에 의해 발전했다는 사실을 무시한다. 더 나아가 민족주의가 선진국의 억압에 저항하는 힘으로서 제3세계인들에게 아직도 큰 도덕적인 힘이라는 사실을 무시한다. 전형적인 유럽중심주의적 태도라고 할 수 있다.

　그러나 이런 사람만이 아니다. 그 정도는 다르지만 서양 역사가들의 거의 대부분이 알게 모르게 유럽중심적인 역사를 쓰고 있기 때문이다. 따라서 서양 사람들이 쓴 역사책에서 이런 점들을 주의하지 않으면 문제가 많이 생긴다. 그들의 잘못된 주장에 세뇌될 수 있기 때문이다. 따라서 서양 역사가들이 어떤 주장을 할 때 그 주장이 어떤 전제 위에 서 있는지, 그들의 주장 가운데 혹시 유럽중심주의 이데올로기가 숨어 있지나 않은지 주의 깊게 살필 필요가 있다.

　　　　　－ 강철구, 「유럽중심주의 역사학은 누가 만들었는가」, 『프레시안』, 2017.10.25. 부분

1. 예문에 따르면 현재 우리가 알고 있는 '민족'이란 존재는 원래부터 그래 왔던 어떤 실체가 아니라 근대 이후 만들어진 '개념' 혹은 '이념'에 의해 인위적으로 만들어진 구성물이다. 이에 비추어 예문의 관점을 요약하자면 '민족은 실체가 아니라 만들어진 발명품'이라는 것이다. '한국 단일 민족 기원'이란 표제로 글을 쓰고자 할 때 위와 같은 관점을 차용한다면 그에 해당하는 사례들로는 무엇이 있을지 찾아보고, 이러한 관점이 지닌 장단점에 대해 써보자.

예문

세월호 참사 유가족인 안명미 씨는 지난해 3월 10일을 그렇게 회상했다. 안씨는 "당시 박근혜 전 대통령이 탄핵됐다는 사실 자체가 정말 기뻤다. 하지만 한편으로는 너무 아팠다. (탄핵 사유에) 우리를 왜 뺏을까. 그 아픔과 아쉬움이 아직도 남아있다"라고 밝혔다.

박근혜 전 대통령의 탄핵 1주년을 맞아 4·16가족협의회와 4·16연대는 10일 오후 5시 광화문 세월호 광장에서 박근혜 탄핵 1년·세월호 참사 4년 광화문 시민문화제 '세월호 참사, 죄를 묻다'를 열었다.

이날 사회를 맡은 김혜진 4·16연대 상임운영위원은 "지난해 3월 10일 박근혜 전 대통령의 탄핵이 인용됐지만 헌법재판소는 세월호 참사를 탄핵 사유로 받아들이지 않았다"라고 말했다. 헌법재판소는 대통령 권한 남용, 사인의 국정개입 허용 등을 박 전 대통령의 탄핵사유로 인용했지만, 세월호 참사는 인용하지 않은 바 있다.

유가족들은 헌재의 판단에 아쉬움을 표하며 "박근혜 전 대통령을 세월호로 처벌하라"라고 외쳤다. 4·16가족협의회 유경근 집행위원장은 "아무리 많은 죄목들이 있더라도 박 전 대통령은 그 모든 것들을 뒤덮어버릴 만한 가장 나쁜 죄를 저질렀다"라며 "대통령으로서 마땅히 국민의 생명과 안전을 지키고 보호하는데 모든 힘과 총력을 기울이고 자원을 투입해야 할 의무가 있었음에도 하지 않았다"라고 지적했다. 이어 유 집행위원장은 "어느 죄목이 살인죄보다 큰 게 있느냐"라며 "30년이 아니라 즉각 처형해도 모자랄 죄목이다"라고 강조했다.

박근혜 전 대통령이 탄핵된 지 1년이 됐지만, 적폐 청산과 세월호 참사의 진상규명이 더딘 점도 아쉬운 부분으로 지적됐다. 안명미 씨는 "진상규명이 너무 더뎌서 힘들다"라며 "우리 소원인데 앞으로 나아가질 않는다"라고 답답함을 토로했다.

권영빈 선체조사위원회 1소위원장은 "박근혜 전 대통령이 물러가고 새로운 대통령이 왔다. 많은 것이 좋아지고 변화가 있었지만 너무 더디다"라며 "정부가 더 적극적으로 세월호 참사 진상 규명에 협조해주길 바란다"라고 호소했다.

박래군 4·16연대 공동대표도 "1년 전 촛불 광장에 백만 명이 모여, 박근혜 정권을 끌어내렸다. 그런 변화를 만들어낸 유가족들과 시민 여러분들께 감사드린다"라면서도 "퇴진행동에서 낸 100대 개혁 과제 중 해결된 건 10%도 안 된다"라며 적폐청산과 세월호 진상규명이 더딘 것에 아쉬움을 표했다. 세월호 유가족과 시민들은 "끝까지 진상 규명", "책임자 처벌"을 외치며 문화제를 끝마쳤다.

한편 보수단체들도 이날 서울 도심에서 '박근혜 전 대통령 무죄 석방'을 요구하는 태극기집회를 열었다. 대한애국당은 이날 오후 2시 서울역 광장에서 '제45차 태극기집회'를 열고 '탄핵 무효'를 외쳤다.

해당 집회에는 조원진 대한애국당 대표, 윤창중 전 청와대 대변인, 서석구 변호사, 이규택 천만인무죄석방본부 공동대표 등이 참석했다. 이들은 '3·10 대한민국 법치 사망의 날'이라는 현수막이 붙은 연단에 올라 "박근혜 대통령", "진실은 밝혀진다", "무죄 석방" 등을 외쳤다. 태극기와 성조기를 들고 서울역 광장을 메운 집회 참가자들도 따라 외쳤다.

시위대의 환호를 받으며 마이크를 잡은 이규택 천만인무죄석방본부 공동대표은 "지난해 3월 10일은 헌법재판소 이정미 재판관을 비롯한 8명의 정신과 혼이 죽은 날이다"라며 "오늘은 법치가 망하고 헌법재판소가 죽은 지 1주년 된 제삿날이다"라고 외쳤다.

연단에 설치된 화면에 이정미 전 헌법재판소장 권한대행이 박근혜 전 대통령의 파면을 선고하는 장면이 나오자, 시위대는 야유했다. 일부 시위대는 욕설을 하기도 했다. '법치 사망'이라고 적힌 검은 리본을 옷에 단 시위대도 있었다.

일부 연설자들은 미투 운동을 폄하하기도 했다. 임덕기 전 건국회 회장은 "대한민국이 죽은 날인데(국민들이) 미투나 보고 있다"라며 "미투가 뭐냐. 나라 잃어버리는 거 아니지 않냐"라고 했다. 심리학과 교수라고 소개된 이규리 씨는 "미투운동이 벌어지고 있다. 이 정부가 더럽고 추악하고 지저분한 것이 낱낱이 드러나는 것이다"라고 주장했다. 마지막 발언자로 나선 조원진 대표는 "(문재인 정부) 집권 10개월 만에 대한민국은 다 망했다"라며 "대한민국이 망해갈 때 우리의 책무는 태극기를 들고 죄 없는 대통령을 구출하는 일이다"라고 외쳤다. 이어 그는 "박근혜 대통령은 죄가 없다고 목 놓아 외치자. 즉각 구출하자. 살인적 정치보복 중단하고 박근혜 대통령을 구출하자"라고 소리쳤다. 그러자 집회 참가자들도 태극기와 성조기를 흔들며 "대통령을 구출하자", "석방하라", "투쟁하자"라고 부르짖었다.

- 신지수, 「박근혜 탄핵 1년 '처벌'과 '무죄'로 갈라진 광장」, 『오마이뉴스』, 2018.3.10.

1. 예문에 제시된 '광화문의 서로 다른 두 가지 풍경'은 각각 무엇인지 찾아보자. 그리고 이처럼 쟁점이 되는 사회적 이슈에 대해 매번 광화문에서 서로 다른 관점으로 대립적 풍경을 연출하게 된 이유에 대해 추론하여 써보자.

2. 예문에 제시된 두 가지 풍경을 소재로 글을 쓸 경우 각각의 입장을 객관적으로 관찰하는 것이 한국 사회를 이해하는 데 어떤 역할을 하는지 써보자.

2. 자료의 수집과 편집

1) 자료 찾기

1) 도서관 이용법

①통합검색보다 상세검색의 활용

②적합한 검색어의 선별

③검색 결과의 조절(많을 때 → 결과 내 검색; 적을 때 → 상위 개념으로 검색)

④자료 부재 시, '관련 사이트 보기' 활용

2) 자료 찾기의 자세

①일반적인 것 → 구체적인 것: 주제의 선정

②가까운 대상 → 먼 대상: 논의의 심화

③자료의 종류와 성격, 내용, 활용도 등에 따른 분류 및 정리:

입론의 방향 수정·보완 및 자료의 추후 활용

학 과		성 명	
학 번		실시일	

1. 아래 자료 카드를 완성해보자.

활용도	
자료의 분야	− 큰 분류: 인문과학 − 중간 분류: 사회문제 − 작은 분류: 문명과 인간성의 조건
자료의 형태	
서지 사항	올더스 헉슬리, 안정효 역, 『멋진 신세계』, 소담출판사, 2015.
핵심어	
중요 구절	
다시 검토해 볼 점	
연관 자료	
논평	
기타 활용 방안	

학 과		성 명	
학 번		실시일	

1. 아래 책의 한 꼭지로 자료 카드를 작성해보자.

여영무, 『테러리즘과 저항권』, 나남, 1989.
가이스탠딩, 김태호 역, 『프레카리아트』, 박종철출판사, 2014.

활용도	
자료의 분야	- 큰 분류: - 중간 분류: - 작은 분류:
자료의 형태	
서지 사항	
핵심어	
중요 구절	
다시 검토해 볼 점	
연관 자료	
논평	
기타 활용 방안	

학 과		성 명	
학 번		실시일	

1. 전공 관련 서적 목차의 한 장에 대한 자료 카드를 작성해보자.

활용도	
자료의 분야	– 큰 분류: – 중간 분류: – 작은 분류:
자료의 형태	
서지 사항	
핵심어	
중요 구절	
다시 검토해 볼 점	
연관 자료	
논평	
기타 활용 방안	

2. 자료의 수집과 편집

2) 자료의 선택과 평가

1) 근거 자료로써의 활용도: 좋은 자료의 기본적인 조건

　①글의 목적에 부합할 것

　②글감과 주제를 뒷받침할 것

　③합리적이고 공정할 것

　④풍부하고 다양할 것

　⑤출처와 근거가 분명할 것

　⑥공신력이 있을 것

　⑦참신할 것

2) 주제와의 상관성: 자료 선별의 실제적인 기준

　①근거 자료로써 얼마나 활용도가 있는가

　②글의 주제와 얼마나 상관성이 있는가

3) 글쓰기의 전체적인 목적에 대한 적합성: 자료 활용의 최종적인 요건

학 과		성 명	
학 번		실시일	

1. 아래 예문을 읽고 예문이 제시한 근거들이 글의 주제나 목적 등에 적절히 부합하는지 판단해보자. 그리고 글쓴이의 주장을 뒷받침하고 글의 완성도를 높이기 위해 보충되어야 할 자료가 있다면 어떤 내용의 자료들이어야 할지에 대해 검토하고 열거해보자.

> **예문**
>
> 방송통신위원회(방통위)가 인공지능(AI) 윤리와 관련된 원칙을 발표함으로써 AI 윤리 규범 정립이 될 것으로 보인다.
>
> 4차 산업의 발전과 정보화 시대를 맞아 한국은 AI 분야에 많은 투자를 하고 있으며, AI 선두자가 되기 위한 정부의 정책과 지원도 따르고 있다. 하지만 무엇보다 AI 기술개발 촉진과 산업 활성화를 위해 AI 시대에 걸맞은 법 제정과 AI 윤리 규범 정립의 필요성이 제기돼왔다.
>
> AI가 기술이 발전해가며 AI는 우리 인류에게 '신 유토피아'를 만들어줄 수 있는 대안으로 환영 받아 왔다. AI로도 넘어설 수 없을 것 같았던 창작의 벽도 차츰 허물며 AI로 새로운 알고리즘을 생성하는 일도 실현 가능해 졌다. AI는 경제적 가치 창출을 늘리고 삶을 윤택하게 해 줄 수 있는 그야말로 만능열쇠처럼 비춰진다.
>
> 하지만 이에 따른 부작용과 역기능도 만만치 않다. AI 기술 오남용에 따른 사생활 침해, 사회적 양극화, 인류애 말살 등의 문제는 또 다른 숙제를 남겼다. 무엇보다 AI 기술을 전쟁무기에 사용하고 심지어 핵무기에 이르기까지 아무런 규제 없이 AI를 남용한다면 인류는 스스로 자멸하는 결과를 초래할 수 있다는 경고가 끊임없이 제기돼 왔다.
>
> 이에 이러한 AI 기술 오남용을 방지하기 위한 AI 시대에 걸맞은 법과 제도의 확립, 윤리 규범 확립이 무엇보다 중요한 문제로 지적됐다.
>
> 인류가 법과 제도, 윤리규범 아래에서 AI 기술을 발전시키고 AI 혁신을 이룬다면 AI 순기능은 극대화 될 것이다.
>
> AI처럼 빠르게 발전하는 기술과 시대흐름에 유연하게 대처하기 위해서는 법률문서에 비해 다소 약하지만 법적 구속력을 가지고 있는 연성법 형태의 법률이나 윤리규범 차원의 규칙이 필요해 보인다. 일반적으로 연성법은 국제법에 자주 쓰이는 준법률문서에 해당된다.
>
> 이러한 AI 법률을 바탕으로 AI 저작권 문제, 개인정보 보호, 사생활 보호, 윤리 문제

등 다양한 AI 관련 이슈에 대응한다면, AI는 더욱 안전하고 편리한 미래를 인류에게 선사할 수 있을 것이다. 무엇보다 인류는 안심하고 AI 발전을 응원할 수 있을 것이며, AI로 인한 사회적 대립과 분쟁에 대한 조율도 가능할 것이다.

이러한 차원에서 이번 방통위의 'AI 윤리와 관련된 원칙 발표'는 환영할 만하다.

이제 정부와 AI 관계자들은 머리를 맞대고 'AI 특별법' 제정을 위해 노력해야 한다.

한국이 AI 시장을 선도하기 위해서는 무엇보다 정부의 정책과 규제완화가 필요하다. 정부는 AI 기술 개발 촉진, AI 전문가 양성, AI 생태기반 조성을 위해 나서야 한다. 이를 위해 선행되어야 할 것이 'AI 특별법'이다.

글로벌 상위 100개 스타트업 중 31%는 국내법에 저촉된다는 보고서는 시사하는 바가 크다. 정부가 국내 규제를 풀지 않는 다면 많은 스타트업들은 범죄자로 몰리게 될 것이며, 국내 창업은 점점 어려워진다. AI 산업도 마찬가지이다.

AI가 한국의 미래 먹거리 산업으로 역할을 다하려면 정부와 국민들이 모두 합심하여 빠른 시간 안에 법과 제도를 확립하고 그 정착에 협조해야만 할 것으로 보인다.

– 김혜성, 「방통위 AI윤리 관련 원칙 발표를 환영한다」, 『AITIMES』, 2019.11.12.

☞ 자료의 적절성

☞ 보충 자료의 성격과 목록

학 과		성 명	
학 번		실시일	

1. 아래 예문의 핵심 주제어를 찾고 글쓴이의 결론을 예상해보자. 또한 예문에서 언급되지 않은 학자들이 제시한 대안에 대해 조사하여 예문이 다룬 문제에 대한 자기 나름의 결론을 써보자.

예문

　지난 몇 년간 우리 사회 트렌드 예측에서 내 시선을 끈 것은 '나 홀로 사회'다. 곧 열릴 2020년에도 '나 홀로 사회' 트렌드가 계속될 것이라 전망되고 있다. 어떤 이들은 넷플릭스, 미(Me)타임, 코인노래방 등 혼자만의 시공간이 더욱 확대될 것이라 예상하고, 다른 이들은 나 홀로 삶이 주는 외로움을 벗어나기 위해 독서·운동·취향 등을 공유하는 소모임들이 더욱 활성화될 것이라고 예견한다.

　'나 홀로 사회'는 인구학적으로 1인 가구의 비중에서 확인할 수 있다. 통계청에 따르면, 2018년 1인 가구 수는 584만 가구를 넘어섰고, 전체 가구 중 29.3%를 차지했다. 갈수록 늦어지는 결혼 연령과 늘어나는 기대수명을 지켜볼 때 1인 가구는 계속 증가할 것으로 보인다.

　문화학적 시각에서 '나 홀로 사회'는 우리 사회 모더니티 전개 과정에서 개인주의의 발전이 가져온 결과다. 특히 밀레니얼세대의 경우 개인에 따른 취향과 개성을 존중하는 경향이 두드러진다. 밀레니얼세대를 연구한 이은형 교수는 이 세대의 특징 중 하나를 '너의 취향도 옳고 나의 취향도 옳다'고 생각하는 다원주의에서 찾은 바 있다. 이른바 '개취존(개인 취향 존중) 시대'가 도래한 셈이다.

　내가 주목하려는 것은 '나 홀로 사회'의 개인주의에 대한 인문·사회과학적 해석이다. 인문학에서 개인주의에 대한 가장 영향력 있는 담론은 지난 20세기 전반 유행했던 실존주의 철학과 문학이다. 사회과학에서는 사회학자 울리히 벡의 『위험사회(1986)』와 정치학자 로버트 퍼트넘의 『나 홀로 볼링(2000)』이 특기할 만하다.

　벡이 말하는 위험사회란 위험이 사회의 중심적 현상이 되는 사회를 뜻한다. 위험사회론에서 주목할 통찰 중 하나는 위험사회의 도래가 가져오는 개인의 변화다. 벡에 따르면, 위험사회의 등장은 위험의 개인주의화를 낳는다. 모더니티의 진행 결과로 개인은 독립적 존재가 되지만, 그 독립은 새로운 대가, 즉 전문가에 의존하고 '인지적 주권'이 위협받는 상황에 노출된다. 지금껏 사회적으로 규정됐던 생애가 이제는 스스로 생산해야 하는 생애로 변화하는 개인주의화의 증가가 위험사회의 새로운 현상이라고 벡은 분석한다.

퍼트넘은 '나 홀로 사회'의 정치·사회적 측면을 주목한다. 퍼트넘이 초점을 맞춘 것은 제2차 세계대전 이후 미국 사회에서 관찰할 수 있는 시민적 참여와 사회적 자본의 쇠퇴 현상이다. 옛날처럼 '더불어'가 아니라 이제는 '나 홀로' 볼링을 친다는 책 제목은 규범·신뢰·네트워크로 이뤄진 사회적 자본의 쇠퇴에 대한 재치 있는 은유다. 퍼트넘은 그 쇠퇴의 원인으로 세대교체와 텔레비전·장거리 출퇴근·맞벌이 부부의 등장 등을 제시한다. 이러한 분석틀은 시민문화의 관점에서 민주주의의 위기가 어떻게 진행됐는지에 대한 설명을 제공한다.

흥미로운 것은 '나 홀로 사회'의 개인주의에 대한 두 사람의 대안이다. 벡이 삶의 의미를 능동적으로 구성하는 자아의 성찰적 기획을 내놓는다면, 퍼트넘은 훼손된 공동체적 유대를 회복하는 포괄적 개혁을 부각시킨다. 이러한 처방에 이의를 제기하긴 어렵다. 개인주의의 확산이 비가역적 현상이라면, 개인적 차원에서 개인의 주체적인 역량을 강화하고, 사회적 차원에서 연대와 협력의 시민문화를 육성하는 것은 당연한 해법이기 때문이다.

– 김호기, 「나 홀로 사회'의 사회학」, 『경향신문』, 2019.11.26. 부분

☞ 결론의 예상

☞ 기타 학자들의 대안

☞ 또 다른 결론

학　과		성　명	
학　번		실시일	

1. 아래의 예문은 제프 매드릭의 저서『경제학의 7가지 거짓말 : 주류경제학은 어떻게 경제와 사회를 위협하는가』에 대한 서평이다. 글의 성격상 글쓴이는 한 사람의 학자가 표명한 견해만을 다루었다. 하지만 이러한 태도는 객관성을 잃고 있다는 비판에서 자유로울 수 없다. 예문이 객관성을 획득하기 위해서 추가되어야 할 자료의 목록을 작성하고, 이를 토대로 각자의 결론을 구상해보자.

> **예문**
>
> 　누구나 알고 있듯이 경제학 교과서에 나오는 '보이지 않는 손'은 철저하게 통제된 비현실적인 조건에서 성립하는 이론이다. 그런데 현실 경제를 좌지우지하는 여러 금융정책들은 자유방임주의 혁명이 시작된 1970년대 중반 이후 지금까지도 '보이지 않는 손'의 영향력에서 벗어나지 못했다.
>
> 　이로 인해 글로벌 금융위기가 닥쳤고 세계경제는 물론 나라경제, 가계경제까지 휘청이게 된 것이다. 경제 칼럼니스트 제프 매드릭은 '보이지 않는 손'을 비롯하여, 주류경제학 이론을 지배하는 7가지 명제들이 어떻게 거짓말에 가깝고 경제와 사회에 해악을 끼쳤는지 역사적·실증적 관점에서 파헤친다.
>
> 　불황은 가만히 두거나 허리띠를 졸라 매면 해결된다는 '세이의 법칙'에 따라 '확장적 긴축' 정책을 펼친 결과 유럽 경제는 더 큰 불황에 빠지고 말았으며, 시장 경제의 효율성을 과신한 나머지 정부의 개입을 최초화한 결과 교육, 기술혁신, 복지 등 시민사회와 공동체의 가치를 심각하게 훼손시켰다.
>
> 　또한 '물가안정목표제' 아래 인플레이션을 낮은 수준에서 안정시키는 데만 집중하자 완전고용과 금융안정을 소홀히 하게 되어 만성적인 고실업과 금융위기의 위험이 초래되었고, '효율시장가설'에 따라 금융증권에서 투기적 거품이란 존재하지 않는다는 믿음 아래 금융규제와 감독이 느슨해지자 결국 2008년 글로벌 금융위기가 발생하고 말았다.
>
> 　이 명제들은 건전한 의도에서 탄생했고 그 자체로 타당하지만, 주류경제학자들에 의해 심각하게 오용·남용되었다. 주류경제학자들은 가치중립적인 진정한 '과학'을 추구한다면서도 자유방임주의 가치에 충실한 이론만 제시했고, 현실을 고찰하기보다는 학계 또는 정관계의 최신 유행에 부화뇌동했으며, 객관적인 방법론을 통해 분석하기보다는 이익집단이나 정치인들의 구미에 맞추는 기회주의적 행태를 보인 것이다.

경제학의 존재 근거가 자연과학과 같이 항상 성립하는 절대 불변의 원리를 찾아내는 것이 아니라 현실의 경제 문제를 이해하고 해결하기 위한 유용한 가설을 제시하는 데 있다는 점은 앞으로 경제학자들이 귀 기울여야 할 대목이다.

– 김민성, 「글로벌 경제위기를 가져온 주류경제학에 대한 고발」, 『(주간)미래한국』, 2019.12.4.

☞ 객관성 획득을 위한 자료 목록

☞ 결론(가안)

2. 자료의 수집과 편집

3) 자료의 편집과 글의 흐름에 대한 예상

1) 자료의 편집과 재구성

  ①자료 제시는 최상의 자료들을 엄선하여 난삽하지 않게 할 것

  ②자료는 활용 방식에 따라 글에서의 역할과 의미가 달라질 수 있음에 유의할 것

  ③자료를 재구성한다는 것은 자료 가운데 일부나 전체를 필요한 만큼 옮겨 오는 것과 그렇게 따온 자료들을 자신이 쓰고자 하는 글의 흐름에 따라 온당하게 배치한다는 뜻

2) 사실과 의견의 판별

  ①글이란 일반적으로 글쓴이의 적극적인 의사 표현 행위의 결과물임

  ②사실을 기록한 자료와 주관적 관점이 개입된 자료를 분별할 것

  ③타인의 주관적 해석과 주장을 최대한 훼손하지 않고 글쓰기의 자료로 활용할 것

학 과		성 명	
학 번		실시일	

1. 다음의 예문들을 읽어보고 주제를 하나 정한 뒤, 글쓰기에 필요한 자료들을 뉴스나 블로그 등 인터넷 상에서 찾아내고 선별해보자.

※ 선별의 과정과 방법은 이론서의 "Ⅱ-2-1)-(1) 도서관 이용법"을 참고하자.

예문 1

월간중앙은 10월 말부터 11월 중순까지 ○○○씨를 포함, 총 5명의 탈북여성과 심층 인터뷰를 진행했다. 모두 중국에서 인신매매를 경험하고, 가까스로 탈출에 성공한 새터 민이었다. 그녀들은 자신의 문제를 국적, 이념, 정치적 문제와 별개로 기본적 자유와 권 리를 가지는 한 사람의 보편적 '인권'의 문제로서 바라봐 달라고 신신당부했다. 이들의 증언을 통해 인권 사각지대에 놓인 탈북여성의 실상을 심층적으로 들여다봤다.

2008년 한국에 들어온 □□□씨는 20대 초반의 나이에 중국 항저우의 농촌 마을에 팔 려갔다. 그녀는 비싼 돈 들인 '노예' 취급을 받으며 10년이 넘는 시간을 버텼다고 말한다. "처음 그곳에 갔을 때였죠. 북한 여자가 왔다는 소문이 동네에 돌자, 남자들이 시도 때도 없이 구경을 왔어요. 어떤 날은 남편이라는 사람이 성관계를 요구하고, 어떤 날은 시아버 지란 사람이, 또 어떤 날은 시아주버니라는 사람이 요구했고…. 그곳에서 저는 가족의 일원이 아니라 그저 성 노예에 불과했죠."

앞서 소개한 ○○○씨는 매매혼을 당하는 경우는 그나마 나은 경우라고 담담하게 말했 다. 그녀 주위에는 악질 브로커를 만나 중국 동북 3성 주변의 성매매업소로 팔려간 후, 매춘부의 길로 들어선 이들도 더러 있었다.

정영선 고려대 사회통합교육연구소 교수는 탈북여성들의 혼인 관계가 타의로 이뤄지 면서 일반적인 결혼의 모습과 많은 차이를 보인다고 설명한다. 정 교수는 "일부 탈북여성 들은 지속적인 폭력에 노출됐을 뿐 아니라, 중국 집단 내 멸시와 차별을 겪는다"면서 "이 들은 항거조차 할 수 없는 경우가 많다. 자칫하면 강제북송 될 수 있기 때문이다"고 덧붙 인다.

중국 내 탈북 여성을 향한 성 노예화 유형은 ▷인신매매 후 강제결혼 ▷강요에 의한 성매매 ▷웹캠 등을 이용한 사이버 성매매 등으로 크게 분류된다.

최근 중국 내부의 인터넷 보급률이 높아지면서 탈북여성들이 사이버 성매매에 강제

동원되는 문제가 국제 사회의 주요 이슈로 떠오르고 있다. 사이버 성매매의 종류에는 흔히 '몸캠'이라 부르는 신체 노출 동영상 촬영에서부터 인터넷 방송을 하며 시청자에게 돈을 받고 주문형 성행위를 보여주는 유형까지 다양하다.

인터뷰 진행 과정에서 실제로 사이버 성매매 피해자들을 여럿 봤다고 증언한 탈북 여성을 만날 수 있었다. ◇◇◇씨는 탈북 후 곧바로 중국 해림 시골 마을로 팔려가 강제결혼을 당했다가 몇 번의 탈출 시도가 무산되면서 브로커에 의해 끝내 성매매 업소로 팔려갔다. 당시 ◇씨는 근처에 북한에서 온 젊은 여자들이 감금당해 있다는 얘기를 종종 들었다고 한다. 그녀는 "나는 그때 이미 삶을 반쯤 포기한 상태였기 때문에 희망 없이 하루하루를 버티기만 했다"며 다음과 같이 돌이켰다. "하지만 어린아이들은 나와 상황이 다르다고 생각했다. 그들에게 인간답게 살 권리를 주고 싶었고, 아는 브로커를 통해 한국 선교단체에서 그 아이들을 구해줄 수 있는 방법이 없는지 수소문하기도 했다."

– 「북–중 잇는 북한여성 성(性) 착취 루트 있다!」, 『월간 중앙』, 2019년 12월호. 부분

예문 2

투표의 순서에 따라 결과가 바뀌는 경우가 있다.

어느 날 3명의 친구(A, B, C)가 점심 때 무엇을 먹을지 이야기를 나누고 있었다. 점심의 후보는 카레, 메밀국수, 우동의 세 가지이다. 그래서 3명은 '민주적으로' 다수결로 정하기로 했다.

먼저 '카레와 메밀국수 둘 중에는 어느 것이 좋을까?'로 투표했더니 메밀국수 2표, 카레 1표로 메밀국수가 이겼다. 다음에 '승자인 메밀국수와 우동 둘 중에는 어느 것이 좋을까?'로 투표한 결과 우동 2표, 메밀국수 1표로 우동이 이겼다. 3명은 이 다수결 결과에 따라 우동 가게에서 점심을 먹었다.

이 결과에는 어떤 문제가 있을까?

이 투표는 얼핏 보면 민주적인 방법으로 보인다. 그러나 실은 중대한 문제가 있다. 예컨대 A는 '메밀국수〉카레〉우동'의 차례로 먹고 싶었다고 가정하자. 그리고 B는 '카레〉우동〉메밀국수', C는 '우동〉메밀국수〉카레'의 차례로 먹고 싶었다고 가정하자. 실은 이 경우에는 카레, 메밀국수, 우동 어느 것이나 승자가 될 수 있다.

앞서의 투표에서는 맨 처음에 '카레 대 메밀국수'로 했지만, 최초의 대결을 '카레 대 우동'으로 해 보자. 그러면 카레 2표, 우동 1표로 카레가 이기고, 다음에 '승자인 카레

대 메밀국수'로 투표하면 메밀국수 2표, 카레 1표로 메밀국수가 최종적으로 선택된다.

한편 최초의 대결을 '메밀국수 대 우동'으로 하면 우동 2표, 메밀국수 1표로 우동이 이기고, '승자인 우동 대 카레'에서는 카레 2표, 우동 1표로 카레가 선택된다.

위와 같은 '토너먼트 방식의 다수결'인 경우에는, 집단 구성원의 의사는 변함이 없는데도 투표를 하는 순서에 따라 결과가 바뀌는 일이 있다.

다수결의 결과로 '가장 나쁜 것'이 선택되는 경우가 있다.

다수결로 선택된 것이 가장 좋기는커녕 '가장 나쁘다.'고 판단된 예도 있다. 정말 그런 일이 일어날 수 있을까? 만약 그런 일이 일어난다면 민주주의의 근간을 뒤흔들 만한 문제이다.

7명의 친구(A, B, C, D, E, F, G)가 점심에 무엇을 먹을지 이야기를 나누고 있다. 점심 후보는 카레, 메밀국수, 우동 세 가지이다. 그래서 7명이 각각 '가장 먹고 싶은 음식'에 대해 다수결로 결정했다.

그러자 메밀국수가 3표, 카레가 2표, 우동 2표로 가장 많은 지지를 얻은 것은 메밀국수였다. 그래서 7명은 메밀국수를 먹으러 가기로 했다. 이 이야기를 들으면 아무 문제가 없는 것처럼 보인다. 그러나 잘 살펴보면 의외의 결과가 밝혀진다.

A부터 G까지 7명이 먹고 싶은 것의 순서를 정리하면 아래의 표와 같다. 앞서와 같은 다수결을 하면 메밀국수가 3표를 얻어 선택되는 것을 알 수 있다.

	메밀국수	카레	우동
A	1	2	3
B	1	2	3
C	1	3	2
D	3	1	2
E	3	1	2
F	3	2	1
G	3	2	1

그러면 다음으로는 '가장 먹고 싶지 않은 음식'을 다수결로 골라보자. 표를 살펴보면, '가장 먹고 싶은 음식'으로 선택되었던 메밀국수가 여기서도 4표를 얻어 선택되는 것이다.

이어서 이번에는 두 가지 메뉴를 가지고 어느 음식이 먹고 싶은지를 1대1로 비교해 보면 어떻게 될까? 이런 투표 방식을 '리그전 결선 방식'이라고 한다.

'메밀국수 대 카레'로 어느 음식을 먹고 싶은지를 전원에게 질문하면 3대 4로 카레가 이기는 것을 알 수 있다. 마찬가지로 비교하면 '카레 대 우동'에서는 카레가 이기고, '우동 대 메밀국수'에서는 우동이 이긴다.

즉 카레가 메밀국수나 우동보다 더 먹고 싶은 음식이었다. 한편 메밀국수는 어느 메뉴와 비교해도 '가장 먹고 싶지 않은 음식'이었다.

이렇게 보면 '최선'과 '최악'의 투표 결과가 일치하거나, 1대1로 비교했을 때 가장 높이 평가된 것이 선택되지 않고, 가장 낮게 평가된 것이 선택되는 경우가 생김을 알 수 있다. 이처럼 각 투표자가 합리적인 판단을 바탕으로 투표를 했는데도 불합리한 투표 결과가 발생하는 일이 있다.

투표가 가지고 있는 이 같은 성질을 최초로 밝힌 사람은 18세기 프랑스의 수학자·정치학자 콩도르세 후작(1743~1794)이다. 그리고 '리그전 결선 방식'으로 1위가 된 것을 '콩도르세 승자'라고 한다.

– 「투표의 패러독스」, 『Newton Highlight 127』, 아이뉴턴, 2019.

예문 3

헌법내적 저항권인 비판적 반대권과 헌법외적 저항권의 관계는 다음과 같이 이해되어야 할 것이다. 비판적 반대권은 그러한 정치적 자유가 허용되어 있는 법치국가내에서 저항상황에 이르지 않도록 예방하는 기능을 하는 것이며, 저항권은 그러한 정치적 자유가 허용되어 있지 아니한 불법국가내에서 저항상황을 배제하는 기능을 하는 것이다. 따라서 저항권은 비판하고 반대할 자유가 없는 곳에서 그러한 자유를 획득하기 위해 투쟁하는 것이지만, 비판적 반대권은 비판하고 반대할 자유가 있는 곳에서 헌법상 보장된 그 자유권을 행사함으로써 저항상황이 나타나지 않도록 예방하는 것이다. 비판과 반대를 할 수 있는 곳에서 구태여 저항을 할 필요는 없다. 따라서 전체주의적 권력국가는 항상 저항상황하에 놓여 있는 것이지만 자유민주주의 법치국가는 결코 저항상황하에 놓일 수 없다.

헌법내적 저항, 즉 자유민주주의 법치국가 안에서의 저항은 저항권의 성립요건인 최후수단성의 조건을 충족시키지 못한다. 독일 헌법재판소에 의하면, "저항권의 행사는 법질서에 의하여 동원될 수 있는 모든 구제수단이 실효성을 상실할 때 법의 유지와 회복을 위해 남겨져 있는 마지막 수단이어야 한다." 저항권의 이 최후수단성(ultima ratio)의 성격에 대하여는 판례뿐만 아니라 학설도 의견의 일치를 보이고 있다. 비판권이나 반대권과 같은 헌법내적 저항은 헌법에서 보장된 기본권을 행사하고 있는 것이며, 침해된 기본권을 다시 회복하기 위한 마지막 수단으로서의 저항권은 아니다. 인권보호를 위한 사전적 저항과 사후적 저항은 그 본질적 의미가 다르다. 사전적 저항은 일종의 '예방적 저항권'으로서 인권보호를 위하여 자유민주주의 헌법내에 권력통제수단으로 이미 제도화되어 있다. 그것은 '제도화된 저항권'이다. 헌법에 제도화되어 있는 저항권을 행사하는 것은, 엄밀한 의미에서는, '헌법의 실행'(Verfassungsvollzug)이지 저항권의 실행은 아니다. 이 헌법의 실행으로서의 저항은 법의 유지와 회복을 위해 남겨져 있는 '마지막 수단'이 아니라 오히려 '처음의 수단'(prima ratio)에 해당한다. 저항권은 이 '처음의 수단'이 실효성을 상실할 때 비로소 원용할 수 있는 '마지막 수단'에 해당하는 것이다. '제도화된 저항권'과 '제도화되지 아니한 저항권'을 혼동해서는 안 될 것이다.

－심재우, 『저항권』, 고려대 출판부, 2000. 부분

☞ 선택 주제

☞ 관련 자료 목록

☞ 선별한 자료와 그 이유

학 과		성 명	
학 번		실시일	

1. 자신이 쓸 글의 대략적인 흐름을 염두에 두고, 앞의 연습문제에서 얻은 결과물을 어떤 방식으로 배치하고 활용(해석)할 것인지를 구상해보자.

자료 1.

자료 2.

자료 3.

자료 4.

자료 5.

자료 6.

자료 7.

자료 8.

학 과		성 명	
학 번		실시일	

1. 아래 예문의 과정을 거쳐 자신이 쓸 글의 대강을 구상해보자.

> **예문**
>
> 1. 전공(입문)서 중 하나를 선택해서 참고문헌 목록을 확인하자.
> 2. 목록들에서 관심이 가는 주제를 찾은 후, 동일 주제를 다룬 자료를 선별하자.
> 3. 도서관 홈페이지에서 로그인한 다음, 화면 하단의 RISS(학술연구정보서비스) 링크를 클릭하여 이동하자.
> 4. '2'의 주제어로 학위논문·소논문·단행본·기사 등을 검색하여, 주제를 구체화하자.
> 5. '4'까지의 결과를 바탕으로 자신이 쓸 글의 대략적인 흐름을 작성하고, 각 자료를 어떤 방식으로 배치하고 활용(해석)할 것인지에 대해 써보자.

☞ 주제어

☞ 구체화된 주제어(글의 제목)

☞ 개요

☞ 자료의 배치와 활용(해석) 방안

3. 내용 조직하기

서론	글감, 주제, 문제의식, 핵심 문제, 핵심어, 관점, 범위 등 제시
본론	본론 1: 소주제문
	뒷받침하는 내용 근거 자료
	본론 2: 소주제문
	뒷받침하는 내용 ※ 근거 자료 더 보완할 것
	본론 3: 소주제문
	뒷받침하는 내용 근거 자료 ⋮ ⋮
결론	글 전체의 잠정적인 결론, 향후 과제

학 과		성 명	
학 번		실시일	

예문

　2016년 겨울, 한국사회는 대변동, 대전환의 시기로 들어섰다. 늦가을부터 한 달 넘게 지속되고 있는 촛불시위가 몇 만에서 몇 십만으로, 그리고 마침내는 몇 백만으로 계속기록을 갱신하면서 전국적으로 확대되고 있다. 지역과 연령, 성별과 직업, 계급과 계층을 뛰어넘어 전국민이 주말마다 이대로는 살 수 없다고 비명을 질러대고 있는 것이다.

　… 중략 …

　국민들은 입시와 취업, 승진 등에서 평생 끝없는 생존경쟁으로 내몰리고, 취업이 어려워 연애·결혼·출산을 포기할 수밖에 없으며(소위 '3포 세대'의 출현), 비정규직이 양산되어 취업하더라도 정상적인 삶을 이어 가기 어려운 처지에 빠진 노동자가 절반이상을 차지하여 이제 대한민국은 저주 받은 나라('헬조선')가 되었다. 그리하여 겉으로는 세계 10대 경제대국이라는 화려한 성과를 자랑하고 있지만 그 내부에는 치명적문제가 도사리고 있다는 것이 속속 드러났다. 10년이 훌쩍 넘는 기간 세계 최고의 자살률을 과시하고 있고, 최저 출산율로 인구절벽을 마주하고 있으며, 다수 국민이 장시간 노동으로 삶 자체의 지속 가능성을 스스로 파괴하고 있는 현실이 그것을 입증한다. 두 달 가까운 기간 촛불시위가 지속적으로 확대된 것은 단순히 박근혜와 최순실의 부정·비리 때문만은 아니었던 것이다. 그것은 박정희식 경제성장 모델이 압도적 다수국민의 삶을 파괴하고 있다는 것을 국민들이 피부로 느꼈기 때문에 가능했던 일이라고 보아야 한다. 올 겨울에 진행된 촛불시위가 박근혜 대통령 탄핵을 이끌어 낸 것은 박정희식 '조국 근대화'가 진정한 근대화가 아니었다는 것을 전국민이 함께 확인한 것이었다. 돌이켜 보면, 일제 치하에서 독립운동가들은 자본주의와 사회주의가 대립하고 있는 현실 속에서 민족협동전선을 추구하고 민족유일당 운동을 전개하면서, 독립 이후 신 국가 건설 노선과 관련하여 미국식 자본주의 국가도, 소련식 사회주의 국가도 문제가 많다고 보았다. 이러한 흐름 속에서 '조선학운동'이 전개되고, 다산 정약용의 실학사상을 계승한 우리식 근대화 노선을 정립하였다. 일제시기 독립운동은 숱한 독립운동가들의 희생 위에서 민족의 생존을 보장하는 진정한 근대화에 대한 깨달음을 얻게 하였다는 점에서 소중한 역사였다. 그렇지만 제2차 세계대전이 끝난 뒤, 한반도를 분할 점령한 외세에 의해 진정한 자주적 근대화를 추구한 세력은 압살되고, 남한과 북한에 미국과 소련을 모델로 하는 국가가 이식되었다. 박정희식 근대화 노선은 독립운동가들이 이념을 넘어서 합의하고 국민의 압도적 다수가 동의한 자주적 근대화 노선을 부정하고 외세에 의존하는 종속적 노선으로 대체한 것이었다. 21세기는 문명사의 전환기라는 인식이 확산되고 있다. 18세기 시민혁명과 산업혁명을 통해서 창출한 민주주의와 자본주의를 기반으로 삼고 세계사를 주도해온 서구 근대 문명이 그 수명을 다한 것을 보여주는 현상들이 전지구적 차원에서 일상적으로 확인되고 있다. 우리나라는 제2차 세계대전종전 이후 원조를 받던 나라에서 원조를 하는 나라로 전환된 유일한 국가이다. 이것은 우리가 서양 따라잡기에 성공했기 때문에 가능한 일이었다. 그러나 이제 그 치명적인 문제점이 드러난 상황에서 그 해법을 더 이상 서양에 의존할 수 없게 되었다는 것을 문명사의 전환기 담론은 말해주고 있다. 촛불혁명은 전 국민의 인간다운 삶을 보장하는 자주적 근대화 노선을 복원하고 완성시킬 것을 요구하고 있다. 20세기의 낡은 수출 주도불균형 성장 전략을 탈피하여 경제 민주화를 실현하고 복지정책을 시행하는 것이 바로 그것이다. 이로써 내수를 확대하고 고용을 창출하여 새로운 경제 선순환 구조를 창출해야 한다. 이를 위해서는 비정규직을 정규직으로 전환하고, 노동시간을 줄여서 새로운 일자리를 제공해야 한다. 그리고 개성공단을 즉각 재가동하여 남북 간 경협을 활성화하고, 나아가 만주와 시베리아로 진출하여 중국·러시아 등과 협력하여 새로운 성장 동력을 창출하라고 요구하고 있다. 이를 통해 동북아시아에 새로운 경제협력 모델이 출현한다면 오늘날 침체된 세계 자본주의의 새로운 활로가 될 수도 있을 것이다. 이러한 몇 가지 정책 변경만으로도 우리 국민 대다수의 삶이 현저하게 향상될 수 있다고 많은 경제전문가들이 전망하고 있다. 촛불혁명은 이처럼 전 국민이 함께 살 수 있는 길을 가로막고 있는 극소수 특권층의 부정과 비리를 쓸어버리라고 요구하고 있다. 또한 남한과 북한사이에 화해와 협력을 통해서 전쟁의 위험을 제거하고 한반도에 항구적 평화를 정착시키라고 요구하고 있다. 그것은 일제시기 독립 운동가들이 합의하고, 압도적 다수의 국민이 지지했던 신 국가 건설 노선을 계승한 진정한 근대화를 통해서 문명사의 전환기에 새로운 문명의 대안을 창출하라는 요구이기도 하다.

– 김용흠, 「2016년 촛불혁명과 문명의 전환」, 『내일을 여는 역사』 65호, 민족문제연구소, 2016. 부분

1. 예문은 '2016년 촛불 정국'에 관해 쓴 글이다. 예문의 주제문과 개요(글감 등 항목별 형식으로)를 작성해보자.

2. 예문 전체의 흐름 방향을 작성해보자.

3. 예문의 결론을 써보자.

1. 단락 쓰기

1) 단락구성의 원리

단락을 제대로 이해해야 글 전체의 짜임새와 응집력을 확보할 수 있다

단락의 구성 원리
①일관성: 소주제문과 밀접한 연관을 맺고 있는 뒷받침 문장들이 있어야 한다
②연결성: 문장들 사이의 논리적 연결 관계가 자연스러워야 한다
③강조성: 단락마다 중심 생각을 부각해야 한다

학 과		성 명	
학 번		실시일	

1. 다음 단락은 대학 신입생이 지구의 환경 위기에 대한 생각을 서술한 부분이다. 밑줄 친 부분의 문장이 위 단락의 소주제문인데, 이 소주제문은 뒷받침 문장들과 긴밀한 연관성을 맺고 있지 못하다. 그러다보니 소주제문의 핵심이 뚜렷하지 않고, 단락의 의미 맥락에서 일관성이 결여되어 있다. 밑줄 친 소주제문의 의미를 뒷받침해주는 문장들을 새롭게 작성하여, 소주제문의 의미를 명확히 드러내보자.

> **예문**
>
> 현재 인간의 역량으로는 지구 이외에 다른 곳에서 살 수 없다. 또한 현재의 환경에서 가장 진화가 빠르고 먹이사슬의 가장 꼭대기에서 군림하는 인간이 다르게 바뀐 환경에서 먹이사슬의 어디쯤에 위치할지는 아무도 예측할 수가 없다. 하지만 한 가지 예측이 가능한 것은 현재 지구의 환경에서 그 어떤 생명체보다 먹이사슬의 가장 위에 있으므로, 환경이 바뀐다면 지금의 위치보다는 낮아지면 낮아졌지 높아질 수는 없다는 것이다. 이미 각종 자연 파괴로 인해 인간에게 점점 불리한 환경으로 지구는 변화되고 있다. 심지어는 인간이 살 수 없는 환경이 되어 인간이 현재의 고래처럼 멸종위기에 처할 수도 있는 것이다. 때문에 우리는 우리가 더 군림하기 위하여, 또한 생존하기 위하여 환경을 보호하고 이대로 유지할 필요가 있다.
>
> – 학생글에서

학 과		성 명	
학 번		실시일	

1. 맹목적으로 준비하는 대학 입시에 대한 비판적 사유를 드러내는 글이다. 그런데 글쓴이가 주장하고자 하는 글의 핵심을 논리적으로 부각시키고 있지 못하다. 문장이 자연스럽게 연결이 안 되는 이유를 생각해보고, 문장의 흐름을 매끄럽게 고쳐보자.

예문

　많은 사람들은 '수능(수학능력시험)' 점수가 인생을 결정짓는다고들 말한다. 그리고 학생들은 그 말을 당연하다는 듯이 받아들인다. 어느 누구도 100년이나 되는 긴 세월의 인생이 단 19년 만에, 아니 중, 고등학교 6년 동안 결정지어진다는 것에 대해 아무런 의심을 하지 않는다. 어쩌면 그럴지도 모른다. 매년 11월 중순부터 12월 중순까지는 '수능' 성적을 비관하는 학생들의 투신자살 뉴스로 떠들썩하다. 거의 연례행사나 다름없는 일이다. 기계처럼 공부만 하다 스무 살도 되기 전에 자살로 끝을 맺는 인생이 바로 '수능'이 만드는 인생이다. 그야말로 '인생의 무덤'이라 할 만 하다.

　그렇다면 과연 이 '인생의 무덤'을 계속 유지시켜 나가야 하는가? '수능'이라는 주입식 암기교육 시스템이 과연 세계 최고의 교육 시스템일까? 아닐 것이다. 우리나라의 교육열은 세계 최고 수준이고, 다른 나라 사람들에게 결코 뒤쳐지지 않는 재능을 가진 학생들로 바글바글하다. 그렇다고 해서 세계 여러 나라의 사람들과 비교했을 때, 우리의 지적 수준이 월등한가, 하면 그것도 아니다. 그렇다면 반드시 '수능'이라는 시스템을 유지해야 할 이유는 없을 것이라고 생각한다.

－ 학생글에서

학 과		성 명	
학 번		실시일	

1. 다음 글에서 소주제문을 찾아보고, 소주제문을 부각시키기 위해 뒷받침 문장을 어떻게 효과적으로 구사해야 하는지, 위의 글을 새롭게 고쳐 써보자.

> **예문**
>
> 우리는 때로 독(毒)이 약이 될 수 있고, 고통이 성숙의 기본 요소이듯 〈악〉이 선의구성 요소가 된다는 사실을 깨닫지 못하고 있다. 그러나 실제로 악과 선은 불가분의 관계를 맺고 있으며, 악이 극도에 달하면 선이 될 수도 있다. 오랫동안 진급을 하지 못하여 절망에 빠졌던 한 관리가 그 일로 인해 오히려 더 커다란 행복과 고귀한 생애를 누리게 될 수도 있다. 정상인은 분명히 맹인이 불행하다고 여기지만, 맹인은 오히려 모든 괴로운 상황을 보지 않음으로써, 또 다른 감각을 발달시켜 정상인보다 불편 없이 살아갈 수 있다. 오히려 본다는 것을 모르기 때문에 보이지 않는다는 것의 불편함을 모르고 있기 때문이다.
>
> – 장그르니에, 장희숙 역, 『자유에 관하여』, 청하, 1992. 부분

학 과		성 명	
학 번		실시일	

1. 다음 단락을 읽고 자연스레 이어질 내용으로 한 단락을 써보자.

> **예문**
>
> 사람이라는 것은 어떤 보이지 않는 공동체—도덕적 공동체—안에서 성원권을 갖는다는 뜻이다. 즉 사람임은 일종의 자격이며, 타인의 인정을 필요로 한다. 이것이 사람과 인간의 다른 점이다. 이 두 단어는 종종 혼용되지만, 그 외연과 내포가 결코 같지 않다. 인간이라는 것은 자연적 사실의 문제지, 사회적 인정의 문제가 아니다. 어떤 개체가 인간이라면, 그 개체는 우리와의 관계 바깥에서도 인간일 것이다. 즉 우리가 그것을 보기 전에도, 이름을 부르기 전에도 그 고유한 특성에 의해 이미 인간일 것이다. 반면에 어떤 개체가 사람이 되기 위해서는 사회 안으로 들어가야 한다. 사회가 그의 이름을 불러주어야 하며, 그에게 자리를 만들어주어야 한다.
>
> – 김현경, 『사람, 장소, 환대』, 문학과지성사, 2019. 부분

학 과		성 명	
학 번		실시일	

1. 다음 소주제문을 가지고 한 단락의 글을 만들어보자.

> 소주제문 : 권력을 가진 자가 이를 남용할 때 우리는 여기에 대한 항의와 동시에
> 어떤 숙명론에 부딪치게 된다.

학 과		성 명	
학 번		실시일	

1. 다음 글을 읽고 자신의 생각을 한 단락으로 써보자.

예문

　한국여성의전화에 의하면 단지 언론 보도에 근거한 자료만으로도 2010년 한 해 남편이나 애인에게 살해당한 여성이 74명이었다. 5일에 1명꼴로 희생된다고 볼 수 있다. 반대로 아내에게 살해당하는 남성의 경우 그들 대부분이 평소에 아내를 구타해 왔다는 사실에 주목해야 한다. 즉, 남성의 폭력을 오랜 세월 견디던 여성이 법조차 자신의 피해 상황을 들어 줄 것이란 기대를 상실했을 때 그 폭력의 고리를 끊기 위해 스스로 남편을 살해하는 경우가 많다는 것이다. 이렇게 '아는 사이'에서 벌어지는 사건의 심각성에 대한 우리의 불감증을 우선 인식하지 않는다면 아무리 '살인마'의 이름을 팔고 특정 경찰을 열심히 징계해도 반복, 또 반복이 일어날 수밖에 없다.

　'부부 싸움은 칼로 물 베기'라는 우리의 관용적 표현은 더욱 문제를 안에서 탱탱 곪게 만든다. 게다가 피해 여성에게서 원인을 찾으려는 사회의 관념도 역시 문제다. '여자가 뭘 잘못했겠지', '여자가 폭력을 유발한다'는 태도를 여전히 발견할 수 있다. 이렇게 여성들을 '성폭력당하지 않게', '맞을 짓 하지 않게' 억누르는 사회 분위기에서 피해 여성들은 자신이 피해자임에도 문제를 밖으로 표출하는 데 어려움을 겪게 된다. 아직도 '여자와 북어는 사흘에 1번씩 패야 한다'는 끔찍한 말을 뱉으며 낄낄거리는 사회를 반성하고 인식의 전환을 요구하는 것이 우선이다.

－ 이라영, 『환대받을 권리, 환대할 용기』, 동녘, 2016. 부분

1. 단락 쓰기

2) 단락의 연결

아무리 개별 단락이 잘 쓰였다 하더라도 각 단락 사이의 논리적 연결이 매끄럽지 못하면 전체 글의 짜임새가 엉성해지고, 그에 따라 생각이 정확히 전달되지 못한다

①접속어의 적절한 사용: 접속어의 적절한 사용은 글쓰기의 과학성을 보증한다
②단락 사이의 내적 연결: 개별 단락의 의미를 정확히 간파해야 하고, 연결 단락이 어떠한 연관성을 맺어야 될 지에 대해 각별히 유의해야 한다

학 과		성 명	
학 번		실시일	

1. '데이트 폭력'에 관한 한 편의 글을 쓴다고 가정하고, 접속어를 활용하여 두 단락을 써보자.

2. '남녀평등의 필요성'을 주제로 한 편의 글을 쓴다고 가정하고, 내적 연결을 활용하여 두 단락을 써보자.

학 과		성 명	
학 번		실시일	

1. 다음 글을 읽고 '비정규직 노동자'를 위한 대안이 무엇이 있는지 자신의 생각을 한 단락으로 써보자.

예문

　한국에서 고용불안이 사회문재로 본격적으로 떠오른 것은 1997년 IMF 경제위기를 겪으면서였습니다. 하청이나 파견직으로 일하는 비정규직 노동자가 급증하면서, 언제 해고될지 모르는 고용불안을 일상으로 안고 살아가는 노동자가 늘었습니다.

　저는 연구실의 박사과정 김자영 학생과 2011년 수집된 '제3차 근로환경조사'에 참여한 노동자 2만 6,000여 명을 분석해, 원청 정규직 노동자와 하청 비정규직 노동자의 근무조건을 비교하는 연구를 진행했습니다. 지난 1년간 몸이 아픈데도 참고 일한 경험이 있는 경우를 측정했을 때, 하청 비정규직 노동자들은 원청 정규직 노동자들에 비해 그 빈도가 2배 이상 높게 나타났습니다. 그러나 지난 1년간 몸이 아파서 직장 일을 하루 이상 쉬었던 경험이 있는지 물었을 때는, 원청 정규직에 비해 하청 비정규직 노동자의 '그렇다'라는 응답률이 오히려 30퍼센트 이상 낮았습니다. 언제 해고될지 모르고 또 계약을 갱신해야 하는, 또 쉬는 만큼 그대로 월급이 깎이는 비정규직 노동자들은 연차나 병가를 쓰지 못한 채 몸이 아파도 참고 일하고 있었던 겁니다. 회사에 밉보이면 언제 해고될지 모르니, 그들은 더 많이 아파도 덜 쉬고, 그래서 더 많이 참고 일했습니다.

　아픈 걸 참고 일하는 노동자가 계속 버틸 수 있을까요? 그럴 리 없지요. 어느 순간 그 노동자는 버티지 못하고 쓰러질 것입니다. 기존 경영학 연구들은 그처럼 고통을 참고 일하는 노동자들을 방치하면, 그들의 건강 상태가 심각하게 나빠져 장기적으로 업무 효율에 지장을 줄 수 있다고 지적합니다. 그러나 한국의 기업들은 그런 우려를 하지 않습니다. 대기업들은 그 부담을 하청업체에 넘기고, 하청업체는 노동자 개인에게 그 부담을 넘기면 되니까요. 기업들은 버티지 못한 병든 노동자를 해고하고 새로운 비정규직 노동자를 채용합니다. 한국사회는 노동시장에서 가장 약한 사람에게 부담을 떠넘기는 잔인한 논리로 운영되고 있는 것이지요.

－김승섭, 『아픔이 길이 되려면』, 동아시아, 2018. 부분

학 과		성 명	
학 번		실시일	

1. '비정규직 문제를 해결할 수 있는 방법'을 주제로 글을 한 편 쓴다고 가정하고, 접속어를
활용하여 두 단락을 써보자.

2. '내가 꿈꾸는 직업'을 주제로 글을 한 편 쓴다고 가정하고, 내적 연결을 활용하여 두 단락을 써보자.

학 과		성 명	
학 번		실시일	

1. 다음 글을 읽고 자신의 생각을 한 단락으로 써보자.

예문

　　트랜스인(인용자: 트랜스젠더)이란 타고난 외적 성징과 염색체와 호르몬의 범위가 본인이 몸소 느끼는 성별과 일치하지 않는 사람이다. 물론 그렇게 서술할 수 있다. 그러나 또 다른 서술도 가능하다. 트랜스인이란 할당된 소속성별이 본인이 느끼는 성별과 일치하지 않는 사람이다. 앞의 서술에서는 타고난 신체적 특징 또는 염색체와 호르몬이 중요하지만, 뒤의 서술에서는 신체적 특징과 할당된 소속성별을 연관 짓는 것 자체도 미심쩍은 일이라는, 혹은 역사 속에서 부수적으로 파생된 일이라는 판단이 담겨 있다.

　　자신의 타고난 신체와 할당된 성역할이 서로 잘 맞는다고 느끼는 사람은 그런 상태를 상상하기 어려울 것이다. 그들은 흔히 '트랜스'라는 단어가 나오거나 트랜스인의 다양한 양상을 표현하는 데 쓰이는 기호인 별표 '*'나 밑줄 '_'만 보아도 더 읽지 않는다. 흔치 않은 현상이나 사람에게는 주의를 기울이거나 존중할 가치도 없다고 생각하는 것일까. 자신이 공감해봐야 소용없다거나, 아예 공감해서는 안 된다고 생각하는지도 모른다. 그러나 사람들은 셰익스피어의 세계나 헨델의 오페라, 또는 만화에 등장하는 현실에 존재하지 않을 것 같은 인물에 대해서는 기꺼이 공감하고 그들의 이야기를 이해하고 싶어 하지 않는가.

　　흔치 않다는 말이 기이하다거나 기괴하다는 뜻은 아니다. 흔치 않다는 것은 그냥 드물다는 뜻이다. 어쩌면 그들은 그저 흔치 않은 이야기를 갖고 있는 사람들일 수도 있다. 때로는 특이하고 흔치 않은 특징이나 경험을 갖고 있어서, 인정받기를 갈망하고 투쟁해 나가는 과정에서 쉽게 상처를 입을 수밖에 없다는 것이 그들의 인간조건 자체로 보이는 사람들이기도 하다. 그러나 트랜스인들의 바로 그 상처입기 쉬운 특징, 그리고 그들이 가시적인 존재가 되기 원하고 인정을 추구한다는 점은 인간의 보편적인 특징인 상호의존성을 보여준다. 그런 점에서 트랜스인들의 상황은 모든 사람의 상황과 관련이 있고 일맥상통한다. 그들처럼 느끼고 살아가는 사람들에게만 국한되는 것이 아니다. 트랜스인의 권리는 다른 모든 인권과 똑같이 중요하며, 그 토대를 다지고 수호하는 것은 보편적인 사상이 당연히 해야 할 일이다.

－카롤린 엠케, 정지인 역, 『혐오사회』, 다산초당, 2017. 부분

학 과		성 명	
학 번		실시일	

1. '나의 일상에서 보았던 차별'을 주제로 한 편의 글을 쓴다고 가정하고, 접속어를 활용하여 두 단락을 써보자.

2. '차별 없는 사회를 위한 대안'을 주제로 한 편의 글을 쓴다고 가정하고, 내적 연결을 활용하여 두 단락을 써보자.

2. 초고 쓰기

1) 서두와 맺음말 쓰기

(1) 서두 쓰기

글 전체의 첫 인상이란 점에서 매우 중요

①시사적 사건을 언급하면서 시작
②개념을 진술하면서 시작
③새로운 문제를 비판적으로 제기하면서 시작
④인용을 하면서 시작
⑤물음을 던지면서 시작

학 과		성 명	
학 번		실시일	

1. 현재 자신이 소속한 광운대학교에 관한 짧은 소개 글을 쓰고자 한다. 글의 서두를 어떻게 시작하면 될 것인지, 글의 서두를 작성해보자.

학 과		성 명	
학 번		실시일	

1. 21세기의 세계는 민족, 인종, 성, 국가, 종교 등의 경계를 자유롭게 넘나드는 현실이다. 이른바 '경계넘기'의 과제가 사회적 현안이 되고 있는 실정이다. '경계넘기'에 대한 자신의 생각을 드러내는 글을 쓰려고 한다. 글의 서두를 작성해보자.

융합적 사고와 글쓰기 – 워크북(사회 계열)

학 과		성 명	
학 번		실시일	

1. 최근 소년 강력 범죄에 대한 우려의 목소리가 높아지고 있다. 형사미성년자의 연령대를 낮추는 논의에 대한 형벌의 예고(무엇이 범죄인지 일반시민에게 고지), 응보(가해자에 대한 공적 복수), 보안(범죄자를 사회로부터 격리), 예방(교화 내지 미래 범죄를 억제) 기능을 들어 자신의 입장을 밝히는 글을 쓰고자 한다. ①, ②, ⑤의 서두 쓰기 방법 중 택 1해 작성해보자.

2. 초고 쓰기

1) 서두와 맺음말 쓰기

(2) 맺음말 쓰기

맺음말이란 말 그대로 글을 맺는 역할을 함

①지금까지 언급된 내용의 핵심을 간명하게 정리
②본문에서 미처 논의하지 못한 사항을 과제로 제기
③앞으로 내다볼 수 있는 전망 혹은 어떤 대안을 제시

학 과		성 명	
학 번		실시일	

1. 다음은 우리의 일상이 갖는 작지만 결코 작지 않은 가치에 대한 생각을 드러내고 있는 글의 종결 부분이다. 다음의 종결 부분을 읽고, 그 의미의 핵심을 염두에 두면서 글의 종결 부분을 새롭게 고쳐 써보자.

> **예문**
>
> 인간사에서 가장 큰 사건을 일러 흔히 혁명이라고 부른다. 한 사회를 전혀 다른 방향으로 또는 차원으로 트고 진입하고 계속해서 나아가게 하는 것이다. 물론 그것은 다수의 의견, 다수의 소망이 행동화해 나아가는 것을 전제할 때라야 혁명이라 부를 수 있을 것이다. 한 개인에게 혁명이란 어떤 것일까. 이전과 다른 차원으로 자기를 높여가는 계기를 갖는 일일 것이다. 그것은 간단하게는 가을 들판에 나아가 구절초 보라꽃 빛 앞에 앉아보는 일이요 손바닥을 유심히 들여다보는 일이다. 이게 무엇인가! 나를 이 앞에 앉게 한 것, 이것인 무엇인가? 그것이 혁신이다. 그 질문을 마음에 품는 순간 나는 이미 달라져 있는 것이다.
>
> – 장석남, 『물 긷는 소리』, 해토, 2008. 부분

학 과		성 명	
학 번		실시일	

1. 대학 입시 정책에 대한 글을 쓰고자 한다. 정시 확대로 대표되는 최근의 정책 방향에 대해 '③앞으로 내다볼 수 있는 전망 혹은 어떤 대안을 제시'의 방법으로 글의 마무리 단락을 써보자.

2. 초고 쓰기

2) 본문 쓰기

(1) 비판적 글쓰기

'비판적 글쓰기'의 경우가 인간의 이성적 활동을 염두에 둔 것이라면, '예술적 글쓰기'는
인간의 감성적 활동에 비중을 둔 것

-비판적 글쓰기
①비판의 논점을 분명히 세워야 한다
②비판은 비판 대상과의 생산적 대화다
③비판의 근거 자료를 확보해야 한다
④비판은 비판 주체의 자기 성찰이다

학 과		성 명	
학 번		실시일	

1. 다음 글은 '낙태죄 폐지' 찬반에 관한 내용이다. 찬성하는 부류의 의견과 반대하는 부류의 의견을 제시하였다. 찬성과 반대의 의견 중 어느 한 쪽 입장에서 다른 한쪽 입장을 예각적으로 비판하는 글을 써보자.

예문

〈낙태죄 폐지〉 찬반

찬성 : 여성의 자기결정권을 보장해야 한다. 현재 여성들은 병원에서 비위생적인 수술도구를 봐도, 수술 이후 심한 출혈이 있어도 '낙태가 불법이기 때문에' 도움을 요청하거나 항의할 수 없다. 낙태한 사실을 알리겠다면서 관계유지를 강요받거나 금전적 요구 등 협박을 받는 사례에도 대응할 수단이 없다. 여성에게만 책임을 묻는 낙태죄로 인해 여성의 건강과 안전은 심대히 위협받고 있다. 아이를 낳을지 말지 어떤 삶을 살아갈지를 국가의 책임과 사회적지지 속에서 고민할 수 있는 사회를 원한다. 아이를 언제, 얼마나 낳고 어떤 가족을 꾸릴 것인가는 누구에게나 중요한 '삶'의 문제인 만큼 이제는 국가 중심의 통제를 벗어나 국민 개개인의 의사에 맡겨질 수 있어야 한다.

반대 : 인간 생명을 소중히 여기고 보호하는 것은 우리가 지녀야 할 기본적인 책임이다. 낙태는 태아의 생명을 제거하는 것뿐 아니라 낙태를 행하는 여성에게도 육체적·정신적·사회적으로 피해를 끼친다. 자궁 속 아기는 여성과는 독립된 자녀다. 여성 등 모든 인간에게 자기결정권이 당연히 있지만 태아는 '자기'라는 범위에 들어가지 않는다. 임신시 사회경제적인 이유로 낙태를 고민하게 되는 경우가 있는데 이를 해결하기보다 태아를 희생양으로 삼는 것은 옳지 않은 해결방식이다. 출산 지원 정책에 보다 많은 예산을 들여 나은 보육환경을 만들고 피임률을 높이기 위한 홍보와 교육을 대대적으로 해야 한다.

– 유자비, 「불붙은 낙태 논쟁…"여성 자기결정권" vs "태아 생명권"」, 『뉴시스』, 2017.11.3. 부분

학 과		성 명	
학 번		실시일	

1. '노키즈존(No Kids Zone)'이 화두이다. 조용한 분위기의 식사나 영화 관람을 원하는 사람들에게 노키즈존은 환영할 일이다. 반면 아이를 가진 부모들은 '언제는 낳으라더니' 왜 아이들이 배척의 대상이 되어야 하냐며 분노한다. 두 입장 중 하나의 입장을 정해 다른 입장을 비판하는 글을 써보자.

2. 초고 쓰기

2) 본문 쓰기

(2) 예술적 감수성 글쓰기

①자신의 독창적 심미안을 최대한 발휘하라

②사회적 맥락 안에서 문화예술을 향유하라

③비판적 태도를 지니고 문화예술을 향유하라

학 과		성 명	
학 번		실시일	

1. 다음은 조세희의 단편「칼날」에서 인상적인 마지막 장면이다. 조세희의 이 작품 전체를 읽어보고, 이 작품에 대한 비평적 글쓰기를 할 경우 마지막 장면을 어떻게 해석해야 할까. 특히 밑줄 친 두 인물 '수도국 사람들'과 '난장이'에 주목하여 이 마지막 장면에 대한 비평적 입장을 밝혀보자.

> **예문**
>
> "자, 그 양동이를 이리 주렴."
> "엄마, 아직, 열한시밖에 안 됐어요."
> 딸애가 말했다.
> "제가 받아놓고 잘 테니까 들어가 주무세요."
> "아니다. 오늘밤부터는 일찍 받게 될 거다."
> "수도국 사람들이 왔었어요?"
> "그들은 받을 돈을 계산할 때 말고는 결코 오는 법이 없단다"
> "그럼 어떻게 아세요."
> "조금만 기다려라"
> 그녀는 심호흡을 했다.
> 난장이의 얼굴이 떠올랐다.
> "엄마, 왜 그래요?"
> "실은 수도꼭지를 새로 달아봤다. 땅 위로 나온 이 꼭지는 이제 먹통이야. 진짜는 이 밑에 있단다."
> "그럼 물이 잘 나온데요?"
> "네 생각은 어떠냐?"
> "잘 모르겠어요."
> "다른 집 사람들은 일찍 받을 수 있다는 그의 말을 믿지 않더구나."
> "그가 누구예요?
> "그런 사람이 있어."
> "좋은 사람?"
> "그래 좋은 사람이야."

신애는 다시 무릎을 꿇고 허리를 굽혔다. 그렇게 엎드린 자세로 딸애가 가져온 양동이를 새 꼭지 밑에 놓았다. 몸이 거꾸로 넘어갈 것 같았다. 제발, 하느님……신애는 떨리는 손으로 수도꼭지를 틀었다.

− 조세희, 『난장이가 쏘아올린 작은 공』, 문학과지성사, 1978. 부분

학 과		성 명	
학 번		실시일	

1. 광운대 캠퍼스의 공간 중 가장 주목할 만한 공간은 어느 곳이라 생각하는가. 그 공간에 대한 미학적 입장을 언급해보자.

2. 초고 쓰기

3) 제목과 부제목 및 목차 쓰기

(1) 제목과 부제목 달기

제목을 정하는 뚜렷한 원칙은 없지만 글의 제목이 너무 산만한 느낌을 주거나, 개성과 독창성 없이 상투적인 면은 경계

①글 전체를 지배하는 핵심어 제시
②글의 주제를 함축하는 문장형으로 제시

학 과		성 명	
학 번		실시일	

1. 다음은 어떤 글의 부분이다. 이 부분을 읽고 적합한 제목을 핵심어로 간명하게 정해 보자.

> **예문**
>
> '청빙(廳氷)'이라는 옛말이 있습니다. 김달진 옹이 번역하신 『한산시』를 읽어 가다 보면 시 하단에 붙인 주석 속에 두 줄 정도 설명이 나와 있지요. '청빙'에는 추운 겨울밤 여우 한 마리가 언 강바닥을 두드려 가며 얼음 소리를 들어 보고 조심스레 강을 건너간다는 뜻이 담겨 있습니다. 이 의미 범위를 따라가 보면 지금 먼 곳에서 앞에 나타난 눈 덮인 광대한 강을 코앞에 두고 있는 존재인 우리의 지점을 가리키고 있어요. 눈 덮인 강은 추위로 위독하고 고독한 곳이지요. 건너려 하는 자는 여우의 앞발을 빌려 강바닥이 잘 얼어 있는가 두드려 보아야합니다. 겉이 얼어 있다 해서 속까지 다 얼어 있는 것은 아닌 것. 단단하게 얼어 있는지 확인해 보아야하기 때문입니다. 강바닥에 귀를 종긋이 붙이고 납작 엎드린 채 회색 코틸을 바짝 대고 한 발씩 앞으로 딛는 여우가 두드리는 맑은 얼음 소리, 깨워 내는 소리, 불러내는 소리, 자기 손으로 두드려 보고 듣는 얼음 소리. 시란 이렇게 두드려 보는 행위입니다.
>
> 우리가 쓰는 시는 대답 없는 상태에 대한 질문입니다. 대답 없는 상태에 대한 두드림이지요. 언 강은 대답이 없는 상태지만 그 강을 두드려 보아야만 우리가 긍정할 수 있는 길이 나옵니다. 부정해야만 하는 길도 나옵니다. 그 길은 우리가 만들어 가는 것입니다. 내가 어디쯤에 와 있고 어디로 가야 할지는 방향이 정해져 있지 않습니다. 두드려 보아야만, 갈 방향이 한 발치쯤 코앞에 보일 뿐입니다. 내가 어디로 걸어왔는지는 뒤를 돌아다보면 알 수 있습니다. 그러나 그 길조차 얼음이 무너져 녹아 있을지도 모릅니다. 몇 해 동안, 정말 오랜 몇 해 동안, 나의 시는 가지 않고 있었습니다. 두려움에 휩싸이는 순간 가지 않는 것도 고통이요, 더 가는 것도 고통이었지요. 두려움에서 깨어나는 순간이 더 무서웠습니다. 시는 두려움입니다. 그 두려움에게 다시 말 걸기입니다. 두렵게 말을 거는 형식입니다.
>
> – 조정권, 『청빙』, 파란, 2018. 부분

학 과		성 명	
학 번		실시일	

1. 다음 글에 해당하는 제목을 문장형으로 정해보자.

예문

　이미 엄청난 가난에 시달리는 나라에서 난민 문제는 장기화되고, 극소수만이 서구국가로 망명을 할 수 있다. 난민 문제의 세계화에 대해 각 나라들은 자국의 문을 봉쇄하고 통행 감시를 강화한다. 삶이 점점 더 비참해지기에 입국 수법 또한 대담해지는 난민들의 유입을 막기 위해서 파일화 작업이나 신원 확인 절차에 점점 더 고도의 기술을 동원한다. 이제 그들은 '이주민'이 아니라 '불특정 상황'에 놓인 사람들로 불린다. 그들에게 박탈된 것들은 명확하게 드러난다. 그들은 갈 곳이 없고, 고정된 거주지가 없으며, 신원을 확인할 수 있는 서류도 없다. 이것은 정체성이 온전히 결여됨을 뜻한다. 설 자리도, 보호받을 수도, 그 어떤 권리도 없는 개인은 분명히 현대의 한 초상이다. 이 초상은 민주주의의 미완성을 나타낼 뿐 아니라 그 한계와 모순까지 드러낸다.

학 과		성 명	
학 번		실시일	

1. 다음은 어느 글의 부분이다. 이 부분을 읽고 글의 제목과 부제목을 생각해보자.

> **예문**
>
> 　성과사회의 피로는 사람들을 개별화하고 고립시키는 고독한 피로다. 그것은 한트케가 「피로에 대한 시론」에서 "분열적인 피로"라고 부른 바 있는 바로 그 피로다. "둘은 벌써 끝없이 서로에게서 떨어져 나가고 있었다. 그리하여 각자 자기에게 가장 고유한 피로 속으로 빠져들었다. 그것은 그러니까 우리의 피로가 아니었고, 이쪽에는 나의 피로가, 저쪽에는 너의 피로가 있는 꼴이었다." 이런 분열적인 피로는 인간을 "볼 수 없고 말할 수 없는 상태"로 몰아넣는다. 오직 자아만이 시야를 가득 채운다. "나는 그녀에게 '나는 너한테 지쳤어'라고 말할 수도 없었을 것이다. 아니 그냥 '지쳤어'라는 말조차 할 수 없었을 것이다. (함께 그렇게 외쳤다면 우리는 각자의 동굴에서 해방될 수 있었을지도 모르지만.) 그토록 심한 피로 때문에 우리에게서 말할 수 있는 능력이, 영혼이 다 타서 사라져버린 것이다." 피로는 폭력이다. 그것은 모든 공동체, 모든 공동의 삶, 모든 친밀함을, 심지어 언어 자체마저 파괴하기 때문이다. "그런 종류의 피로는, 본래 그럴 수밖에 없었겠지만, 아무 말 없이, 필연적으로 폭력을 낳았다. 아마도 이러한 폭력이 모습을 드러낸 것은 오직 타자를 일그러뜨리는 시선 속에서 뿐이었을 것이다."
>
> 　　　　　　　　　　　　　　　　　－ 한병철, 김태환 역, 『피로사회』, 문학과지성사, 2012. 부분

2. 초고 쓰기

3) 제목과 부제목 및 목차 쓰기

(2) 목차 정하기

글의 목차는 글 전체를 구성하는 골격 역할

학 과		성 명	
학 번		실시일	

1. 1993년을 시작으로 한국 대입 체계의 중심에 수학능력시험이 있다. 30년 가까이 시행된 수능의 문제와 한계를 지적하는 비판적 글을 작성할 때 구성되는 목차를 써보자.

학 과		성 명	
학 번		실시일	

1. 다음의 글을 읽고 이 글은 어떤 목차를 토대로 작성되었는지, 그 목차를 써보자.

예문

"약물로 속임수를 쓰는 선수에게 관심 없다."

리우 올림픽 남자수영 400m에서 우승한 호주의 맥 호튼이 경기 전 한 말이다. 그는 기자가 약물복용자인 중국의 수영선수 쑨양과 같이 경기하는 소감을 묻자 위와 같이 말했다고 한다. (중략) 박태환은 2014년 9월 불시에 시행된 도핑검사에서 금지약물인 네비도가 검출되는 바람에 아시안게임 메달 박탈은 물론, 1년 반 동안 선수자격이 정지되는 중징계를 받았다. (중략) 그는 약물검사에 걸린 게 의사의 실수라고 주장하나, 그 의사가 운영하는 병원은 원래 중년 남성들에게 남성호르몬을 주사하는 게 주 업무였다. 이런 병원을 찾아가 주사를 맞은 건 고의성을 의심받을 수밖에 없다. 게다가 네비도는 쑨양이 먹은 약과는 차원이 다른, 반도핑기구가 최우선적으로 금지하는 약이니, 설령 모르고 맞았다고 해도 변명의 여지가 없다. (중략) 징계 기간을 다 소화한 후에는 약물을 사용한 이에게 국가대표 자격을 3년간 박탈하는 대한체육회 규정 때문에 전전긍긍해야 했다. (중략) 대한체육회가 규정을 내세워 박태환을 리우에 보내지 않으려 했을 때, 여론의 절대다수는 박태환 편을 들었다. 그들의 논리는 다음과 같았다. 첫째, 박태환은 고의로 주사를 맞은 게 아니다. 둘째, 이미 처벌을 받았는데 출전을 못 하게 하는 건 이중처벌이다. 셋째, 박태환 말고 우리나라 수영선수 중 메달 딸 사람이 누가 있느냐. 첫 번째에 대해선 이미 얘기했고, 두 번째 주장은 이미 체육회가 규정을 철회했으므로 언급하지 않는다. 내가 문제 삼는 건 바로 세 번째다. 그들 말대로 박태환은 당분간 우리나라에서 나오기 힘든 걸출한 수영선수다. 선수로서 환갑이 지난 나이임에도 국가대표 선발전에서 커다란 격차로 1위를 차지한 걸 보면, 그를 대표팀에 선발하는 게 당연해 보인다. 혹시 아는가. 메달이라도 하나 딸 수 있을지. 박태환이 국제스포츠 중재재판소(CAS)에 제소하는 등 대표로 나가기 위해 모든 수단을 동원할 수 있었던 것도 자신에 대한 여론이 우호적이라고 믿었기 때문이리라. 하지만 우리나라는 더 이상 못살고 내세울 것이 없는 나라가 아니다. 그가 올림픽에서 금메달을 하나 더 딴다고 해서 세계가 우리를 더 높이 평가하는 것도 아니다. 호튼의 발언에서 보듯 부정한 방법으로 이기려고 한 선수가 태극마크를 달고 나간다면 그거야말로 나라 망신이 될 수 있다. 그럼에도 불구하고 우리는 규정을 철회해가며 박태환을 리우로 보냈다. 그걸 보면 우리나라의 국민의식은 소위 글로벌 스탠더드와 동떨어져 있다. 과정이 어떻든 결과만 좋으면 떠받드는 후진적인 풍토, 그것이 이 나라의 온갖 부정부패를 낳는 이유였다. 논문을 조작해도 수백조원 국익을 창출할 원천기술이 있다는 이유로 영웅시하고, 선거에 부정이 있어도 일단 당선되면 다들 고개를 조아리는 나라에서 나만 떳떳하게 산들 무슨 이득이 있겠는가? 한 누리꾼이 쓴 댓글이다. "외국에서 태어났다면 훨씬 대단한 선수가 됐을 텐데, 못난 나라에서 태어나서 이 꼴을 당하는구나." 사실이 아니다. 박태환이 지금 영웅일 수 있는 건 이 못난 나라에서 태어났기 때문이다.

– 서민, 「박태환과 대한민국」, 『경향신문』, 2016.8.9. 부분

1. 고쳐 쓰기

고쳐 쓰기를 할 때는 다음의 사항을 확인할 필요가 있다

①글을 쓴 의도가 잘 표현되었는가
②글 내용에 논리적 결함은 없는가
③문법에 맞게 글을 썼는가
④맞춤법과 표준어 규정에 맞게 썼는가

학 과		성 명	
학 번		실시일	

1. 다음의 목차를 보고 아래의 문제에 답해보자.

I. 서론

　들어가는 말

　문제제기

II. 본론

　1. 사이버 언어폭력의 문제점

　　1) 타인의 인격을 모욕함

　　2) 건전한 사이버 문화 형성에 악영향을 줌

　　3) 의미를 알 수 없는 표현이 난무함

　2. 사이버 언어폭력이 증가하는 원인

　　1) 사이버 공간의 익명성

　　2) 인터넷 매체의 급속한 발달

　　3) 언어폭력을 규제할 수 있는 제도적 장치 미흡

　3. 사이버 문화 활성화 방안

　　1) 인터넷 실명제 실시

　　2) 사이버 윤리 교육의 강화

　　3) 정보 통신 윤리법의 제도적 정비

III. 결론 : 노력 촉구

☞ 위의 목차를 보고 적절한 제목을 써보자.

_____

_____

_____

☞ 위의 내용으로 글을 구성할 때 보충되어야 할 사안은 없는지 검토해보자.

☞ 위의 목차의 문제점을 지적하고 적절한 수정 목차를 만들어보자.

학 과		성 명	
학 번		실시일	

1. 다음 글은 단락 구분이 되어 있지 않다. 글을 읽고 단락을 나누어보고 각 단락의 내용이 무엇인지 써보자.

예문

감정노동이란 용어는 1983년 앨리 러셀 혹실드의 〈관리된 마음〉이라는 책에서 제기된 이후 보편적으로 사용되고 있다. 책에서 '감정노동'(emotional labor)은 "소비자들이 우호적이고 보살핌을 받고 있다는 느낌을 만들어낼 수 있도록 외모와 표정을 유지하고, 자신의 실제 감정을 억압하거나 실제 감정과 다른 감정을 표현하는 등 감정을 관리하는 노동"을 일컫는다. 개별 기업과 조직에서는 고객에게 표출하는 감정적 서비스의 양과 질이 '매출'과 밀접한 연관성을 갖고 있다는 것을 너무나도 잘 알고 있다. '매출이 인격'이라는 조직문화나 "사랑합니다. 고객님"이라는 표현이 대표적이다. 심지어 일부 기업은 고객에게 눈맞춤은 기본이고 무릎을 꿇고 서비스를 제공하게끔 한다. 그 순간 고객과 노동자들은 동등한 인간일 수 없다. 아무리 서비스라는 단어의 어원이 라틴어 '노예'(servus)에서 출발했더라도 강요된 서비스는 비인간적이다. 우리나라에서 서비스 노동자의 길을 선택하는 순간 인권은 존재하지 않는다. 감정노동 문제는 감정노동 그 자체보다 감정부조화가 핵심이다. 감정부조화는 실제 감정과 겉으로 표출하는 감정 사이의 격차인데, 외적 현상으로 우울증이나 대인기피증과 같은 건강장해가 발생한다. 이 때문에 감정노동자 보호를 위한 예방과 사후관리 필요성이 제기된 지 오래다. 다행히 최근 몇 년 사이 국내 11곳의 지자체에서는 감정노동자 보호 조례가 제정되었다. 과거와 달리 노동을 보는 관점이 바뀌고 있음을 짐작하게 하는 대목이다. 특히 서울시는 감정노동 조례와 정책 이후 감정노동 가이드라인과 지침을 만들었다. 감정노동 교육 의무화나 시민홍보 등 각 영역별 보호조치를 구체화했다. 대표적으로 폭언이나 성희롱 같은 위험이 발생할 경우 일터에서 벗어날 권리와 같은 업무중지권을 명시한 것은 의미가 있다. 또 심리적인 휴식이 필요할 때 적정휴식을 제공하도록 규정했다. 상품화된 노동이 아니라 인간중심적 노동으로 변화해야 한다는 공감의 정책이다. 무엇보다 조직내에서 부당한 대우를 받았을 때 감정노동자들이 보호를 받을 수 있는 '노동조사관' 신설은 의미가 있다. 사실관계를 따지지 않고 무조건적인 사과 등을 지시함으로써 노동자에게 인격적인 모멸감을 주어서는 안된다는 철학이 담겨 있다. 국제노동기구(ILO)나 유럽연합(EU)은 노동자와 고객 간의 업무 수행과정에서 발생하는 신체적, 정신적 폭력을 중대한 업무상 재해로 구분한다. 독일은 노사정 세 주체가 "노동세계에서의 심리적 건강을 위한 공동 선언"을 한 바 있다. 노동자들의 안전과 건강을 위해 상시적인 상담 창구를 열어 놓고, 해마다 전국적인 토론회를 개최하고 감시자 역할과 정책제안도 한다. 인간의 감정까지 상품화하는 천박한 자본주의 유물이자 반사회적 노동형태인 과도한 감정노동은 없애야 한다는 취지다. 앞으로 감정노동자들의 일이 '욕먹고, 낭비적인 일'이 아니라, '보람 있고, 가치 있는 일'로 바뀔 필요가 있다. 이제 우리도 노사정이 함께 지혜를 모아 해결의 실마리를 풀기 위한 사회적 대화와 전략을 갖출 시점이다.

— 김종진, 「감정노동 논의 10년 만에 첫 결실」, 『경향신문』, 2018.5.11. 부분

학 과		성 명	
학 번		실시일	

1. 각 단락의 내용을 요약해보고 자신의 전공과 연관성 상에서 논의의 논리성 여부를 파악
해보자.

> **예문**
>
> 현재의 대학 교육은 먹고 살 것이 이미 마련되어 있는 귀족이나 양반 계급만을 대상으로 하지 않는다. 이미 유한계급인 자들로 하여금 교양을 쌓고 진리를 탐구하게 하여 대중보다 우월한 지적 기반에서 사회의 엘리트 리더로서의 역할을 제대로 수행할 수 있게끔 대학교육을 베푸는 것이 아닌 것이다. 현재의 대학 교육은 시민사회에서 이루어지며 교육 수요자는 살아가기 위하여 생업을 필요로 하는 미래의 직업인들이다. 한국의 근대화 과정에서 대학 교육은 오히려 아무런 배경을 갖지 않은 자에게 경제적 능력과 사회적 지위를 마련해 주었으며 때로 신분상승의 기회가 되기도 하였다. 진리탐구라는 근대 대학의 목적은 현대적 관점에서 보면 매우 한가한 이야기로 들린다. 요즘 우리의 대학이 탐구하는 '진리'는 잘 먹고 잘 살게 해 줄 수 있는, 곧 경제적 효용가치를 생산해내는 진리일 때에만 제대로 대접받고 있기 때문이다. 현실에 발붙이지 못하는 '진리'는 비웃음거리로 전락하고 말았다.
>
> 이제 대학 교육 제공자 곧 지식 생산자는 현실 세계에서 먹고 살아야 하는 수요자의 요구에 따라 생업에 직접적으로 응용될 수 있는 지식을 생산해야 한다. 그러나 우리가 추구하는 진리는 항상성을 가지는 것이기 때문에 그것의 추구 과정인 학문은 상품을 사고파는 시장의 세계와는 차별되는 것으로 여겨져 왔다. 학문의 세계와 수용자, 소비자, 생산자 등의 개념은 서로 어울리지 않는 것이다. 학문은 효용가치로 평가받는 것이 아니어서 생산자로서 지식이나 기술을 생산하여 그것을 제값을 받고 수요자에게 파는 시장의 세계와는 거리가 멀다. 대학은 이제 현실 세계에서 하나의 생산 수단으로 전락하였으며 대학교수는 상품이 될 만한 지식을 생산해 팔아야 하는 노동자이다.
>
> - 신지연, 「인문학 위기의 시대에」, 『어문생활』, 2009.3. 부분

학 과		성 명	
학 번		실시일	

1. 다음의 예문을 읽어보고 단락의 구성 및 연결성에 문제가 없는지 파악해보자.

예문

　20대의 투표율이 이토록 저조한데는 여러 원인이 있다. 개인적 원인에서부터 접근한다면, 20대 투표율 저조의 가장 큰 원인은 책임감의 부재이다. 20대들은 유권자가 된 지 얼마 안 된 사회 초년생이다. 자신의 한 표가 얼마나 큰 힘을 발휘하는지 아직 깨닫지 못했기 때문이다. 또 20대들의 정치에 대한 무관심을 원인으로 볼 수 있다. 여러 고민을 안고 있는 20대들에게 정치 외에도 고민해야 할 것은 다양하다. 앞에서 언급했듯이 등록금, 물가, 취업 등 여러 문제가 20대들의 발목을 잡고 늘어지기 때문이다. 80년대에만 해도 대학생들의 최고의 관심사는 민주화였다. 민주화를 원하는 많은 국민들의 소망으로 인해 투표율도 당연히 높았다.

　한편으로 정치인에게서도 원인을 찾아볼 수가 있다. 20대 투표율이 낮은 원인은 20대를 위한 정책이 부족하기 때문에, 20대들의 관심을 끌어내지 못했다는 데서 찾을 수 있다. 한 신문기사에 따르면, 서울시립대에 반값등록금이 적용이 되고나서 4.11총선에 서울시립대학생의 부재자 투표 신청률이 40%에 육박했다고 한다. 반값등록금이 현실화 된 것을 보고 정치의 중요성을 자각했다고 한다. 또 반값등록금 실현을 위해 대학생 연합과 정치인이 한자리에 모여 토론하는 시간을 가지기도 했다. 이처럼 20대를 위한 정책은 20대들의 관심을 이끌어내는데 성공했다.

　국가적 차원에서 볼 때, 투표율이 낮은 것은 전 세계적인 문제가 아니라 우리나라만 안고 있는 문제이다. OECD국가별 국회의원 선거 투표율을 보면, OECD평균 투표율은 70%로 우리나라는 46%로 한참 뒤떨어진 것을 알 수 있다. OECD 중 가장 높은 선거율은 호주로 무려 95%의 투표율을 보인다. 대체적으로 호주와 북유럽 국가가 투표율이 높았다. 미국은 고학력자일수록 투표율이 높지만, 우리나라는 저학력자일수록 투표율이 높다. 또 노인투표율이 다른 OECD과 비교해서 현저히 높았다. 우리나라는 고학력이고, 젊을수록 투표를 하지 않는다.

－ 학생글에서

학 과		성 명	
학 번		실시일	

1. 다음의 문장을 자연스러운 표현으로 고쳐보자.

☞ 오늘 아침, 국회의원 홍길동 씨는 뇌물 수뢰 혐의로 구속되었다.

☞ 지금 우리 사회는 옛것이면 구식이라고 생각하는 선입견을 가지고 있다.

☞ 아직까지도 중국 정부 관료들은 6자 회담에 부정적인 견해를 보이고 있으나 미국 정부의 적극적인 외교로 인해 가까운 시일 내에 반드시 이루어질 것으로 보인다.

☞ 독도의 영유권을 주장하는 일본 총리의 망언에 대해 정부는 일본에게 강력히 항의해야 한다.

_____

_____

_____

_____

☞ 은행에 완전히 몰수된 처가집에서 남들 몰래 옥상 위에 올라 별을 바라보며 남은 여생을 걱정하시던 장모님의 모습이 눈에 선하다.

_____

_____

_____

_____

☞ 저희 학원에서는 정보처리에 관련된 모든 과정을 무료로 교육시켜 드립니다.

_____

_____

_____

_____

2. 인용과 주석(註釋) 달기

3. 참고문헌 작성

인용은 다른 사람의 글 일부를 자신의 글에 삽입하는 것
– 직접인용
– 간접인용

주석은 자료의 출처를 밝히거나 본문의 내용을 보완하기 위한 것

학 과		성 명	
학 번		실시일	

1. 다음 1~6의 지시 사항을 이용하여 각주를 작성해보자.

---

1. '이태준'의 '문장강화'라는 책 가운데 77쪽을 인용하였는데, 이 책은 '소명출판'에서 2015년에 출간되었다.
2. 각주1)의 책 가운데 250쪽을 인용하였다.
3. 'T.S, Eliot'의 'Selected Essays'라는 책 가운데 30쪽에서 31쪽까지를 참조하였는데, 이 책은 'London'에 있는 'Faber and Faber'에서 1980년에 출간되었다.
4. '김영범'의 '사이의 시학'이라는 글을 인용하였는데, 이 글은 '파란'이라는 계간문예지 제11호인 2018년 겨울 호에 수록되었다.
5. '국립국어연구원'이 1999년도 서울에서 출판한 '표준국어대사전'을 참조하였는데, 출판사는 '두산동아'이다.
6. '게오르그 짐멜'의 '짐멜의 모더니티 읽기'라는 책 가운데 220쪽을 인용하였는데, 이 책을 번역한 사람은 '김덕영'이며, 출판사는 '새물결'이고, 출판연도는 2005년이다.

---

2. 글의 말미에 각주 1 – 6에 인용 혹은 참조한 문헌들을 대상으로 참고문헌을 작성해보자.